Institutional Research

大学のIR

意思決定支援のための
情報収集と分析

小林雅之・山田礼子 編著

まえがき

　大学のインスティテューショナル・リサーチ（Institutional Research: 以下 IR と略記）は、日本でも急速に普及し始めています。IR をテーマにしたシンポジウムなどが様々な大学などで開催され、盛況を見せています。ほぼ定期的に開催されるものも出始めています。これらの会議の盛況ぶりは IR への関心の高さを示しています。また、日本私立学校共済・振興事業団による私学助成について、2014 年度より、IR 組織の設置、実施が評価の対象とされるようになりました。具体的には、補助金の配分基準等の配分基準別記（特別補助）として、未来経営戦略推進経費の中に挙げられています。すでに IR と銘打った大学の組織も多く見られるようになりました。ただ、私見では、まだ IR とは何か、十分には把握できず、ともかく今話題の言葉であるから、どんなものか知りたいという大学関係者も多いように見受けられます。

　本書は主にこれから大学に IR を導入しようと考えている方に役に立つようなヒントを提供することができればと考えて企画いたしました。大学に IR を導入すれば、様々な IR のツールを用いることにより、あるいは学生調査や大学評価など、すでに大学で実際に行われている活動を IR として捉え返すことにより、大学の強みと弱みを具体的なエビデンスによって誰の目にも見えるように明らかにすることができます。さらに、それによって、大学の向かうべき方向を示し、意思決定を支援し、全学的合意形成を図ることができます。これが大学に IR を導入する大きなねらいです。IR なしでも大学の活動は行うことはできますが、IR によって大学全体を大学の外と中から客観的に捉えることができるのです。

　IR の内容は多岐にわたり、そのすべてを紹介することはできません。本書では、IR のいくつかの重要なツールを紹介するとともに、特に大学の評価と質保証、学生調査、大学情報公開、大学ベンチマーキング、エンロールメント・マネジメント、戦略計画を中心に IR の具体例を紹介することによって、日本の大学の IR の発展に貢献することができればと考えました。

私たちは文部科学省先導的大学改革推進委託事業「大学における IR（インスティテューショナル・リサーチ）の現状と在り方に関する調査研究」（東京大学、2014 年）を受けて、2013 年 12 月から 2014 年 1 月にかけて全国国公私立大学の IR 状況調査を行いました。この調査で私たちは必ずしも IR と銘打っていなくても、さらには自覚されていなくても、日本の大学は IR 活動を実施しているのではないか、という問題意識から調査を行いました。その結果、日本の大学でも IR にあたるような活動はかなり広範に行われているものの、IR として自覚的に統合された活動にはなっていないことが課題であることがわかりました。そこから、本書では IR の基本的な考え方を紹介しようと試みました。このような全国調査は初めての試みでした。面倒な調査にご協力いただいた全国の大学の関係者に改めて御礼申し上げます。その調査から 2 年あまりがたち、日本の大学の IR もさらに進展しているとみられます。

　本書では、IR が著しく発展を遂げているアメリカの大学における IR の事例を、日本との比較を念頭に検討しました。アメリカの IR も決して順風満帆だったわけではなく、多くの試行錯誤の積み重ねで、現在のように大学に定着していったのです。私たちは、そこから現在、日本の大学が直面している問題の解決について、示唆が得られるであろうと確信しています。ただし、アメリカの IR も決して理想的なものではなく、日本の大学にそのまま直輸入しても、日本の大学では根付かないというのが、私たちの考え方です。むしろ、その試行錯誤の中で生み出されたアメリカの IR の成果を参考にしつつ、日本型の IR として日本の大学で発展していくことを願っています。

　本書では、架空の「愛在大学（あいある）」の例をもとに具体的に IR の考え方や技法を紹介しています。これらは全く架空のものではなく、アメリカの実在のいくつかの大学の IR について、日本の読者にわかりやすくするために多少修正したものです。本書では繰り返し説明していますが、IR はそれぞれの大学がそれぞれの大学のおかれている状況や特徴に応じて、発展させていくものです。そのためには自己の大学がどのような環境におかれているか、強みと弱みは何か、を明らかにする必要があります。IR はそのための強力なツールです。本書ではアメリカで急速に発展している IR のごく一部について、

まえがき

日本の大学に取り入れるべきだと私たちが考えているものを紹介しています。本書で説明しているIRのツールをすべて導入する必要はありません。少しずつでも各大学に合ったIRをめざしていただきたいと思います。

IRはアメリカの大学で発展してきたものだけに、アメリカの高等教育と不可分の関係にあります。本書の執筆者はいずれもアメリカ研究を重ね、アメリカの大学訪問調査も実施してきました。できるだけ日本の読者の方にわかりやすいように表現を工夫しましたが、それでもわかりにくい箇所があるかと思います。読者の忌憚のないご意見をいただければ幸いです。また、本書では、IRについて、同じ内容を繰り返して、状況に応じてやや異なる表現や言い回しで説明をしています。冗長であるとか、重複しているという感じを持たれる読者の方も多いかと思いますが、繰り返して説明しているのは、それだけ重要で読者に十分理解していただきたいという著者らの思いからであることをご理解いただければ幸いです。

本書が、各大学のIRを発展させるために、少しでもお役に立てれば幸いです。

2016年3月

著者を代表して
小林雅之

本書では、読者の方の参考となるよう、適宜「*Column*」を設け、巻末には、「資料」「参考文献」「東京大学―野村証券　大学経営ディスカッションペーパーリスト」を付しています。また、慶應義塾大学出版会Webサイトの特設ページ（http://www.keio-up.co.jp/kup/sp/uir/）では、本書に関する情報を発信しています。ご活用いただければ幸いです。

Contents

まえがき　i

第Ⅰ部　IRで何ができるか

第1章　IRとは何か──日本型IRの追究　3
1　IRとは何か　3
2　IRで何が可能になるか　10
3　IRのために大学がすべきことは何か　11
4　はじめの一歩　12
5　本書の構成　13
Column 1　アメリカの大学のIR小史　14

第2章　IRの適用領域とツール　17
1　IRの適用領域　17
2　IRのツール（道具）と方法　19
　（1）　大学の位置を明らかにするツール　20
　（2）　調査統計とベンチマーキング　21
Column 2　アメリカのIR協会：AIR　23

第3章　IRの組織をつくるために　25
1　IRの組織と担当者　25
2　IRと執行部　32
3　情報提供、意思決定支援、全学的合意形成　36
Column 3　アメリカの大学のIRオフィスが果たす機能　41

第Ⅱ部　大学とIRのツール

第4章　大学を見る——IRの主なツール（1）　45
1　大学のダッシュボードをつくる　45
2　環境スキャンと高等教育政策の動向分析　55
3　SWOT分析　62
Column 4　IRに関する高等教育政策　70

第5章　大学を調べる——IRの主なツール（2）　73
1　調査と統計の技法　73
　（1）　IRにおける調査と統計の意義　73
　（2）　調査の方法　76
　（3）　調査と統計分析の例——中退のケース　79
　（4）　調査と統計の意義　83
2　IRと学生調査　84
　（1）　アメリカの大学のIRと学生調査　84
　（2）　学生調査のモデル　86
3　IRと大学ベンチマーキング　95
　（1）　ベンチマーキングとは何か　95
　（2）　ベンチマーキングの手法　100

第6章　大学のデータを集める——IRの主なツール（3）　105
1　IRとデータとの関わり　105
2　データ統合　106
3　データベース　108
4　効果的なIR実践のための課題　112

第Ⅲ部　IR の主な実践例

第 7 章　エンロールメント・マネジメント　115
1　エンロールメント・マネジメントとは？　115
2　学生募集　116
3　学生フロー　119
4　EM が必要とされる背景　123
5　日本の大学における EM の実践例　124

第 8 章　大学の質保証と情報公開　131
1　教育の質保証とアセスメント　131
2　高大接続・初年次教育と学生調査　139
3　大学情報公開と大学ポートレート　143
Column 5　アメリカの大学情報公開の現状　149
Column 6　大学評価と質保証　151

第 9 章　IR コンソーシアム　153
1　大学 IR コンソーシアム──4 大学 IR ネットワーク　153
2　大学評価コンソーシアム　158
Column 7　アメリカの大学のデータコンソーシアム　165

第 10 章　経営支援の IR　167
1　戦略計画と IR　167
　(1)　戦略計画とは何か　167
　(2)　アメリカの大学における戦略計画の例　170
　(3)　愛在大学の実行計画（アクション・プラン）　172
　(4)　IR と戦略計画、大学の情報公開、ベンチマーキング、学生調査
　　　173

2　財務計画とIR　　174
　　（1）財務計画　　174
　　（2）戦略計画を支えるインフラとしての財務計画　　177
　　（3）戦略予算　　179

終章　IRの実践のために　　185

　資料　日本の大学におけるIRの現状　　187
　あとがき　　193
　参考文献　　195

第 I 部

Institutional Research

IRで何ができるか

第 1 章　IRとは何か ── 日本型IRの追究 ……3

第 2 章　IRの適用領域とツール ……17

第 3 章　IRの組織をつくるために ……25

第Ⅰ部では、これから大学でIRを始めるにあたって、検討しておかなければならないことを順次説明します。最初に第1章で、そもそも「IRとは何か」について、次に第2章で「IRの適用領域とツール」、さらに第3章で「IRの組織をつくるために」必要なことを説明します。第Ⅰ部は、大学のIRにとって、最低限必要なことを説明しますので、最初から順に読んで、IRの全体像をつかんでいただきたいと思います。

第1章
IRとは何か──日本型IRの追究

1　IRとは何か

　大学にIR（Institutional Research）を導入して、様々なIRのツールを用いる。あるいは**学生調査**や**大学評価**など、すでに大学で実際に行われている活動をIRとして捉え返す。そうすれば大学の強みと弱みを具体的なエビデンスによって誰の目にも見えるように明らかにし、大学の向かうべき方向を示し、**意思決定を支援**し、**全学的合意形成**を図ることができます。これが大学にIRを導入する大きなねらいです。もちろんIRがなくとも大学の活動は行うことはできますが、IRとは大学全体を外と中から客観的に捉えることができる優れた手法なのです。

　IRは、もともとアメリカで1960年代から発展したものですが[1]、試しにアメリカの事例研究や論文を読んでも、IRとはいったい何なのか、たいへんわかりにくく、日本で紹介されているアメリカのIRの実践例を読んでも、イメージをつかむのは難しいでしょう[2]。

　日本の大学でIRという言葉はここ10年ほどの間に次第に使われるようになってきました。いくつかの大学においては、IR活動の実践への取り組みが見られるようになり、本書でも第9章「IRコンソーシアム」（○153頁）で紹介するように、IR活動に関する中間組織なども活発に活動をしています。すでに様々なIR活動が実施されているものの、大学関係者や研究者の間で必ずしもIRについて一定の共通理解があるわけではないようです。

---

(1) Column 1「アメリカの大学のIR小史」（○14頁）を参照してください。
(2) アメリカの大学のIRについて詳しくは、小林・劉・片山（2011）を参照してください。

▶IR の定義が難しい３つの理由

　実は、このことは、IR の盛んなアメリカでも同様で、IR 研究者や実践者の間でも共通の定義や理解があるとは言えません。その理由は、３つあります。第１に、もともと IR は実践的な活動としてスタートしたために、研究よりも実践が重視され、学問的な定義よりも現実の活動が優先されたからです。プラグマティック（実用的）なアメリカの考え方がよく示された例と言えます。さらに第２に、より重要な理由として、IR が現在でもなお発展を続けていることによります(3)。この点は後に説明しますが、IR の活動内容が常に広がっているために共通の定義ができないのです。このこともアメリカの高等教育の常に発展を続けるダイナミズムという特徴を示しています。さらに第３に、多様性という点が挙げられます。IR の活動内容は、大学によって異なります。大学の規模、設置者、ガバナンス（分権か集権か）、タイプ（４年制か２年制か）、環境（立地など）によってその内容は異なります。大学ごとに、ミッションや達成目標にも相違があります。達成目標は、大学の強みと弱みに関連して立てることがきわめて重要ですが、それも大学ごとに千差万別です。こうした IR の多様性は IR が状況（コンテクスト）に依存しているためであり、アメリカ高等教育の最大の特徴である多様性を示す１

---

(3)　こうした点については、小林・劉・片山（2011）および小林編（2014）で明らかにしてきました。

つの例と言えます。

このように、アメリカのIRは当然のこととは言え、プラグマティズム、ダイナミズム、多様性というアメリカ高等教育の特徴をそのまま反映しているのです。

▶IR発展の系譜

さらに、IRの実践的な活動としての発展の原動力は大学内部ではなく、外部からもたらされました。すなわち、アメリカでIRが発展した大きな理由は、**アクレディテーション**（外部機関による教育の質保証）や連邦政府が要求するデータ提出などに対応するためでした。また、**大学情報公開**のために大学内部の情報を収集し、アカウンタビリティ（説明責任）を果たすことが求められ、このことがIR活動を活発にしました。さらに大学内部からも、経営や教育向上に向けて、**大学ベンチマーキング**（大学間比較）を行うため、データを交換したり標準化された**学生調査**を実施するようになりました。このようにIRは、学内外の様々な要因によって発展しており、各大学のIRは、その環境によって異なり、常に変化するため、その内容を共通の定義として把握することは難しくなっています。

とはいえIRは、単に外部の要因に突き動かされただけでなく、独自の発展を遂げ、学内の**意思決定支援**に大きな役割を果たすようになってきています。当初大学における情報の収集活動から始まったIRは、単に情報の収集だけでなく、大学の経営や管理運営に寄与するための情報分析を行い、それを執行部に報告するなど、大学の**意思決定**にも関与する重要な役割を担うようになってきたのです。現在では、大学の管理運営、**戦略計画**、**財務計画**などに必要なデータを提供し、これらの策定を支援することがIRに課せられた重要な使命となっています。さらに、その活動領域を広げ、データ提出にとどまらず、自ら**戦略計画**や**財務計画**を策定するようなIR組織も現れています。他方、外部の要因であるアクレディテーションや大学情報の発信のための情報収集活動は、その過程で学内の様々な部署と協働することになり、学内のPDCAサイクルを回すことにも寄与しています。特に、その情報収集活動は、**プログラムレビュー**[4]などにも有用です。アメリカの大学では、

教育プログラムを改善するために、教学に関するデータが集められると、学科などのプログラムの実施単位や執行部に返されるため、PDCA サイクルを回すことに役立っているのです(5)。

また、アメリカの大学の特質として、こうした IR の活動は一律にどの大学でも展開しているというより、きわめて多様性を持っていることにも留意する必要があります。たとえば、**学生調査**1つとっても、IR 組織が実施している場合もあれば、別組織の場合もあります。また、上記のような IR 活動についても、すべての大学が実施しているわけではありません。

こうした IR の発展と特質のため、アメリカでも、教育政策関係者や大学関係者間で IR について、共通の定義や理解が存在していないのが現状です。アメリカでも絶えず「IR とは何か」が問われてきたと言えます。

▶ヴォルクワインによる IR の 5 類型

このように多様性を持つ IR ですが、日本の大学に IR を導入するために参考になるのは、IR 研究の第一人者である F・ヴォルクワイン（Volkwein 1999, 2008）の IR の 5 類型です。ヴォルクワインは、表 1－1 のように、IR の目的を教育機関の内部改善（形成的）と外部への説明責任（包括的）の軸と管理的組織的対アカデミック専門的の軸により 4 タイプに分け、さらにテクノロジーの視点からもう 1 つの役割を加えています。管理的組織的で内部改善の IR は「情報の当事者」（表の左上）です。ここで「形成的」とは積極的に改善に結びつくという意味で、大学の役に立つような情報を収集整理するタイプです。日本の大学の現状では、最も IR のイメージに近いかもしれません。これに対して、管理的組織的で説明責任のための IR は、「スピンドクター」（表の右上）です。「内部改善」に対して、「外部への説明責任」は、学外に重点があります。「スピンドクター」とは、情報を操作するスキルを持った

---

(4) アカデミック・プログラム・レビューともいい、大学の教育プログラムの効果を検証することを指します。第 8 章第 1 節「教育の質保証とアセスメント」（●131 頁）を参照してください。
(5) その具体的な例は、第 8 章第 1 節「教育の質保証とアセスメント」（●131 頁）を参照してください。

表1-1 ヴォルクワインによるIRの5類型

組織の役割と文化	目的と対象者	
	内部改善 (改善のために形成的内部的)	外部への説明責任 (説明責任のために包括的外部的)
管理的組織的	機関の記述 ——情報の当事者としてのIR	最良のケースの提供 ——スピンドクターとしてのIR
アカデミック専門的	他の選択肢を分析 ——政策アナリストとしてのIR	効果の公正な証拠を提供 ——学者研究者としてのIR
テクノロジー	データを収集し情報と知識へ変換 ——情報の蓄積・保持と創造を協働し、知識の創造と把握、共有を促進 ——知識のマネジャーとしてのIR	

注:「形成的」とは積極的に改善に結びつくという意味です。「スピンドクター」とは、情報を操作することによって情報を操作するスキルを持った者のことです。詳しくは本文を参照してください。
出所:Volkwein（2008）p.18.

者のことです。大学の情報を外部に効果的に発信する役割であり、グッド・プラクティス（優れた取り組み）を学外に提供し、周囲に広げていく者と言えます。これに対して、アカデミック専門的で内部改善のIRは、「政策アナリスト」（表の左中）です。高等教育政策や外部の環境の変化を分析する専門家と言えます。さらに、アカデミックで説明責任のためのIRは、「学者研究者」（表の右中）であると言えます。大学の教育などの効果を測定し、学内外にエビデンスを提供する役割です。さらに、テクノロジーの視点からは、情報を収集・蓄積するだけでなく、知識の創造や共有の役割を果たすとされています（表の下）。このように、IRの活動の内容は、単なる情報収集提供から大きく広がっています[6]。

▶日本におけるIRの定義

このようにアメリカではIRは多様な発展を続けています。しかし日本ではその部分的もしくは一時点での状況が紹介されるにとどまっているため、

---

[6] ただし、アメリカのすべての大学が、このモデルで示されたIRの機能と役割を果たすための組織を有しているわけではないことに注意する必要があります。

図 1-1　狭義と広義の IR の定義

関係者や研究者の間でも合意が形成されていません。このため、共通の定義や理解が得られず、IR をめぐる混乱が生じていると言えます。

しかし、そうはいっても最低限の共通の定義や理解がないと日本の大学で IR 活動をする際に混乱が生じます。そこで本書では、IR はもともと多義的な概念であることを念頭に置いたうえで、最も狭義には、単なる調査データの収集分析、報告といった活動を指すこととします。そしてより広義には、全学レベルの**財務計画**や**戦略計画**の策定まで、きわめて幅広い活動を指すものとし、狭義と広義の定義をすることにします。

図 1-1 のように、**狭義の IR** とは、学内外の様々なデータを収集分析し、意味のある有益な情報として、学内外の関係者に報告することを指します。学外の関係者とは、たとえば、認証評価機関やマスメディアなどです。もちろん、学内の他の部署、たとえば、評価室とか広報室を通じて報告される場合もあり、その場合にはその基礎データを提供することが IR の役割になります。これ以外に学内の関係者では特に執行部に有益なデータや分析を提供し、**意思決定を支援**することが重要な役割です。とりわけ、大学の強みと弱みを明らかにすることが重要です[7]。これに対して、**広義の IR** では、単にデータを提供したり、強みや弱みを明らかにするだけでなく、**財務計画**や**戦**

---

(7) 第 4 章第 3 節「SWOT 分析」（⇒62 頁）を参照してください。

略計画を策定する担当者として重要な役割を果たすことになります[8]。

このようにIRの活動は多岐にわたりますが、IRの実態は、この広義と狭義の定義の間で、大学の置かれた状況に依存して著しい差異があることに、十分な注意が必要であることを強調しておきます。とはいえ、狭義と広義の定義では幅がありますので、IRとしての共通項は何かを述べないと先に進むことは難しいでしょう。アメリカでも日本でも、また様々に異なるタイプであれ、大学という組織としての共通な活動と特徴はあるはずです。そこで本書では、先に見た狭義と広義のIRの定義と、よく用いられるJ・L・ソープ（Saupe 1990）の「高等教育機関の計画、政策形成、意思決定を支援する情報を提供するために機関内で行われる調査研究」をふまえて、IRを私たちが実施した**全国大学IR調査**で定義したように「**大学のミッションとその実現のための手段、とりわけ情報収集と分析**」とやや狭義に定義しておくことにします[9]。

▶日本のIRとアメリカのIR

現在までの、日本でのIRの発展を見ていると、まず大学評価に関する情報収集のためのIR活動が行われ、次いで、近年の教育改革に関する情報収集のための**教学IR**が行われているようです。また、同じようにFD（Faculty Development）に関してもIRが行われている例もあります。

つまり、アメリカと比べると、日本では**戦略計画やベンチマーキング**など経営支援のためのIRがあまり活発ではないようです[10]。つまり日本の大学のIRは、**広義のIR**より**狭義のIR**に近く、広義のIRの一部が盛んになっているのが現状と言えます。

日本の大学のIRも、アメリカの大学と同じように、評価への対応、アカウンタビリティ、**大学の情報公開**などの大学外部からの圧力によって形成さ

---

(8) 第10章「経営支援のIR」（⊃167頁）を参照してください。
(9) この調査については、資料「日本の大学におけるIRの現状」（⊃187頁）を参照してください。
(10) もっともこうした活動はなかなか大学の外部からはわからないということもあり、実態は必ずしも明らかではないのですが、**全国大学IR調査**の結果が参考になります。資料「日本の大学におけるIRの現状」（⊃187頁）を参照してください。

れたと言えます。しかし日本では、アメリカの大学でも活発に活動が行われている教学やFDのIRに特化している傾向があるという点では、独自の発展を遂げつつあると言ってもいいかもしれません。

アメリカのIRも決して順風満帆だったわけではなく、多くの試行錯誤の積み重ねで、現在のように大学に定着していきました(11)。それを見ていくことは、現在の日本の大学において直面している問題の解決に向けて、示唆が得られるでしょう。しかし、アメリカのIRが決して理想的なものではなく、日本の大学にそのまま直輸入しても、日本の大学では根づかないというのが、私たちの立場です。そのため、本書では、**アメリカIR協会**（Association for Institutional Research: AIR）の活動について紹介しつつ(12)、日本の大学のIRの現状を全国調査によって明らかにし、アメリカとの比較のうえで、日本でのIRの可能性について検討します。ことにダッシュボードや**環境スキャン**や**高等教育政策動向の分析**、あるいは**調査統計**や**ベンチマーキング**、シミュレーションなどIRの様々な方法やツールを紹介してIRで何ができるかを説明します。そのうえで、**大学評価**や**アセスメント**、**学生調査**や**戦略計画**などにIRをいかに活用するかを紹介することで、日本の今後のIRの発展に活用していただければと考えています。

2　IRで何が可能になるか

このようにIRを定義しても抽象的で、実際に大学におけるIRがどのようなものか、まだわかりにくいでしょう。先にふれたように、IR活動は多岐にわたります。そこで、大学でIRが必要とされるわかりやすいテーマを例に、その活動を具体的に示したいと思います。

ここで取り上げる例は中退率の要因分析です。大学にとって中退は大きな関心事であることは言うまでもありません。中退は、それまで学習や学生生活に対してかけてきた時間と費用が有効に生かせないことになります。これ

---

(11)　*Column 1*「アメリカの大学のIR小史」（◯14頁）を参照してください。
(12)　*Column 2*「アメリカのIR協会：AIR」（◯23頁）を参照してください。

は学生にとっても大学にとっても大きな損失です。

とはいえ、中退した後、学生がどのような進路をとるのかによっても、それまでの経験がどの程度生かせるかは異なります。学生にとっては、他の大学や学校に転学あるいは入学するのであれば、その経験の少なくとも一部は役立てることができ、まったく無駄にはならないかもしれません。そういう学生が多ければ、「中退」そのものを問題視することはないとも言えます。しかし他大学への進学は、学生にとって大きな問題ではない場合も、大学にとっては大きな損失になります。

いずれにせよ、中退の実態、学生の志望理由やニーズとカリキュラムのミスマッチなどの学習環境や友人関係などの生活環境を調査すること、とりわけ中退後の学生の進路を把握すること、あるいは中退の要因を分析することは、大学にとってきわめて重要です。こうした中退の実態の把握と要因の分析はIRの重要な役割です。実際にどのように調査や分析を行っていくのかは、後に、第5章第1節「調査と統計の技法」（◯73頁）と第7章「エンロールメント・マネジメント」（◯115頁）で、詳しく説明したいと思います。

3　IRのために大学がすべきことは何か

IRを始める最初の一歩は、何より大学の現状と抱える課題を明らかにすることと、それに対応するデータの所在の確認、洗い出しを行うこと、さらにそれらのデータを有用な情報に整理することです。データがない場合にはどのようなデータを抽出するべきかを明らかにする必要があります。そのためには、先に挙げたような**ダッシュボード**や**SWOT分析**などの様々な方法を適宜用いることができます。

大学は教育・研究・社会サービスなどきわめて多様な活動を行っています。本書では、このうち主として教育に関する活動とIRに関連するものを対象としています。教育に関する大学の活動も多様ですが、本書では、比較的なじみ深くかつIRと関連している大学の活動を取り上げます。たとえば、**学**

生調査などの大学の既存の活動との関連から IR を説明すれば、すでに行っている活動と IR の関係を知ることができ、IR を理解しやすくなります。**学生調査**は、すでに多くの大学で行われていますが、IR のツールとしては位置づけられていません。学生調査を IR として捉え返すことで、既存の活動も IR に対する理解が深まることになります。また、今後の日本の大学の IR にとって重要になると思われる**データベースとデータの統合**や**エンロールメント・マネジメント**、**戦略計画**と IR の関係について詳しく説明しています[13]。

4　はじめの一歩

　以上の簡単な説明だけでも相当な数の IR を紹介しましたが、これらはアメリカの大学で展開されている IR 活動の一部にすぎません。ここまで読んでこられた方は、こんなに多彩な活動が自大学でできるだろうかと疑問に思われたことでしょう。しかし、これらすべてを実施する必要はありません。いくつか参考になることを中心に、自大学の現状を見直すことが IR の第一歩です。すでに行っているツールや項目もあるでしょう。**全国大学 IR 調査**では、多くの項目がすでに実施されていることが明らかになっています[14]。しかし、それを大学の IR 活動として明確に位置づけ、組織的に実施することが重要だということを強調したいと思います。

　本書では、IR の様々なツールを大学の活動との関連で説明します。しかし、ツールの寄せ集めが IR ではありません。ツールは、何のためのものか、目的が重要なのです。その目的は大学のミッションを実現することです。そのためにさらに具体的な目標や計画を立て、諸活動を有機的に連携させながら行っていくことが求められます。学生は毎年入れ替わります。学生の特徴も毎年変化していきます。こうした意味で、大学の活動は常に未完成でダイナミックなものと言えます。IR のわかりにくさもこうした大学の活動が常

---

(13)　第 6 章「大学のデータを集める」（●105 頁）、第 7 章「エンロールメント・マネジメント」（●115 頁）、第 10 章「経営支援の IR」（●167 頁）を参照してください。
(14)　資料「日本の大学における IR の現状」（●187 頁）を参照してください。

第 1 章　IR とは何か

に未完成であるため、データの収集や統合に終わりがないということによる面もあります。また、すでに述べたように、IR は大学内外の環境によっても異なります。そのため、既存の IR をそのまま輸入するのではなく、日本型、さらに言えば、自大学の IR をつくっていくことが重要です。そのためには、まず大学の現状把握が先決です。できるところから始めるという姿勢で取り組むことです。

5　本書の構成

　次の第 2 章では、本書の構成にしたがって、大学の活動のどのような領域にどのような IR 活動が使われるのか、具体的な事例で説明します。これは本書全体の見取り図を示すものです。次いで第 3 章では、IR を始めるにあたって考慮すべき IR の組織と担当者、執行部との関連、情報共有と全学的合意形成について説明します。

　第 II 部では、IR を始めるにあたって、日本の大学で IR を導入しやすいと思われる基本的なツールとして、ダッシュボード、環境スキャンと高等教育政策の動向分析、SWOT 分析、調査統計、学生調査、ベンチマーキングをいくつか具体的な事例をもとに紹介します。

それに続いて第Ⅲ部では**エンロールメント・マネジメント**や**大学評価**と**質保証**、**戦略計画**や**財務計画**など、大学のいくつかの活動におけるIRの実践例をもとに、さらにIRでどのようなことが可能になるか、具体的に説明します。これらのいくつかはすでに大学で実践されているものと思いますが、IRの視点から改めて見直すことでIR活動として位置づけることが重要です。

終章では、IRを実践するにあたって、どこから始めるべきかを確認するためのポイントを示します。

Column 1

アメリカの大学のIR小史

アメリカのIRは、2012年に発刊された *The Handbook of Institutional Research* の第1章において、次のような段階を経て発展してきたとされています（Howard et al. 2012）。

① 自主的な活動：個々の教育機関がそれぞれの状況に関連する諸課題についての個別調査や自己評価として実施。
② 横断的な活動：研究者グループや外部団体などが連携し、個別教育機関の枠を超えた調査研究として実施。
③ 組織的な活動：大規模な州立大学を中心に専門または専任組織が設置され、重要事項などに関する専門的かつ継続的な調査研究として実施。

まず①については、エール大学が、その創立に先立って1701年に実施した大学の組織形態のあり方に関する調査がIRの先駆けとして位置づけられています。

次に②については、1908年のオーバリン大学のH・C・キング学長による**戦略計画**立案のための包括的調査をはじめとした各種調査およびIRに関する研究論文が実施例として挙げられています。

そして③については、1918年のイリノイ大学のIR部、1920年のパーデュー大学の教育調査部の設置などによって、それまで個別あるいは研究者グループなどで断続的に行われてきた調査研究活動が組織的に実施されるようになったとしています。すなわち、当初、単一の機関内で個別に実施していた自己評価が、時代の流れとともに、研究者グループや他機関との連携により徐々に調査の範囲と深度を増大し、専門部署や委員会などの設立によって組織的な活動へと発展してきたと言えそうです。

他方、国内外のIRに関する多くの先行研究ではM・W・ピーターソン（Peterson 1999）を引用して、1950 年代以降に現在の IR の礎が築かれたとしています。上記の区分で言うところの③に該当し、組織的に実施されるようになった一連の調査研究活動を IR の原点として捉え、以下の 3 つの段階を経て現在に至っているとされます。

　第一期（1950~60 年代）：ベビーブーマー世代の入学者急増により、カリキュラムの設計や**学生調査**などに関わる調査研究として実施。
　第二期（1970 年代）：学生数の減少や景気後退に伴う財政支援の縮減などにより、安定的な収入の確保など大学経営に関わる調査研究として実施。
　第三期（1980 年代）：連邦および州政府などからの説明責任への要求により、機関内の情報を共有して教育の成果の説明に関わる調査研究として実施。

このような時代背景を経て発展してきたアメリカの IR は、現在、説明責任を果たすうえで不可欠な機能となっています。他方、昨今は IR で収集・分析するデータなどを通じて把握した課題などを確実に改善しながら組織のパフォーマンスを向上させていく"Institutional Effectiveness"（継続的改善を促進する取り組み。詳細は浅野・本田・嶌田（2014）、藤原（2015）を参照のこと）への対応がより重視されるようになっています。

第 2 章
IR の適用領域とツール

　IR を適用できる大学の活動や IR のツールはきわめて多様です。本書ではその多様な活動とツールの中から、日本の大学で IR を導入しやすいと思われるものを選んで説明していきます。本章では、これらの様々なツールと活動と、それらの関連を説明します。IR を始めるにあたって本書全体の見取り図とでも言うべきものです。

1　IR の適用領域

　まず、第Ⅱ部で取り上げる IR の主なツールについて簡単に説明していきます。IR の様々なツールの中でも本書では、まず、**ダッシュボード、環境スキャンと高等教育政策分析、SWOT 分析**といった自己の大学の強みと弱みあるいは高等教育全体の動きの中に自大学の位置づけを探るツールを紹介します。これは自大学を知るという大学の最も重要な活動を検証する、比較的わかりやすいツールとして取り上げます。次いで、**調査統計とベンチマーキング**という IR が最も強みを発揮するツールを紹介します。特に**学生調査**は、従来必ずしも IR のツールとして位置づけられていなかったものです。それを IR のツールとして位置づけることで、より強力なツールとして用いることができることを説明します。最後に、**データの統合とデータベース**という、IR と言うと最初にイメージされる重要なツールについて、それまでのツールと関連させて紹介します。

　続いて、第Ⅲ部では、大学の具体的な実践活動として、**エンロールメント・マネジメント、教育の質保証とアセスメント、IR コンソーシアム、戦略計画と財務計画**を取り上げ、IR の具体的なツールの活用を説明します。

第Ⅰ部　IR で何ができるか

　これらはすでに大学で実際に行われているものも多いと思います。こうした活動に対して、これまで説明してきた IR のツールがその強みをいかんなく発揮することを説明します。

　本書で扱う大学の活動で IR が適用可能な領域とツールを組み合わせると表 2-1 のような関係になります。もっとも、これらがどこまで適用可能かは相対的なもので絶対的なものではないことに注意する必要があります。表では、最も適用されるツールを◎で示していますが、これも参考程度に考えてください。また、これらすべてを実施するのではないということにも注意してください。

　たとえば、**データの統合とデータベース**は、どの大学の活動にも必要な IR の最も基本的なツールですのですべての領域で◎となっていますが、リレーショナル・データベース（RDB）の構築などはその大学がどの程度データを統合しているか、またリレーショナル・データベースを構築するほどデータ量があるか、またそれを扱うことができるスタッフがいるのか、といった条件によって変わってきます[1]。また、表 2-1 では本書で言う**狭義の IR** の定義にしたがって適用領域とツールを示しましたが、**広義の IR**、すなわち

---

(1) リレーショナル・データベースについては第 6 章「大学のデータを集める」（◗105 頁）を参照してください。

第2章 IRの適用領域とツール

表2-1 IRの適用領域とツール

ツール \ 適用領域	エンロールメント・マネジメント（7章115頁）	教育の質保証とアセスメント（8章1節131頁）	高大接続と初年次教育（8章2節139頁）	情報公開・情報発信（8章3節143頁）	戦略計画（10章1節167頁）	財務計画（10章2節174頁）
ダッシュボード（4章1節45頁）	○	○	○	○	◎	○
環境スキャンと政策動向分析（4章2節55頁）	◎	○	○	○	◎	◎
SWOT分析（4章3節62頁）	◎	◎	◎	◎	◎	◎
調査統計分析（5章1節73頁）	◎	◎	◎	◎	◎	◎
学生調査（5章2節84頁）	◎	◎	◎	◎	◎	◎
ベンチマーキング（5章3節95頁）	◎	○	○	◎	◎	◎
データの統合とデータベース（6章106頁）	◎	◎	◎	◎	◎	◎

注1：◎最も適用可能なツール、○適用可能なツール。
 2：（ ）内は、本書の章と節の番号と頁数。

大学の**意思決定支援**なども、表のすべての活動に関わっています。これらも自大学の状況に応じて、どこまでIRの活動としていくかが変わっていくものです。

2 IRのツール（道具）と方法

　以下、本章では、表2-1のIRの適用領域とツールについて、概略を示します。本書では、IRのツールのうち、日本の大学で比較的容易に適用可能なツールとして、まず**ダッシュボード**、**環境スキャン**と**高等教育政策**の**動向分析**、**SWOT分析**などのツールについて、詳しく説明します。IRのプラグマティック（実用的）な考え方を反映して、使えるものは何でも使おうとい

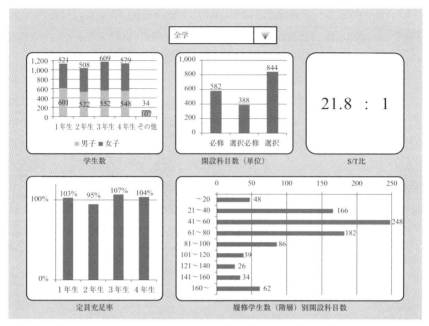

図2-1　ダッシュボードの例

うのがIRの活動を支えるツールと方法と言えます。

(1) 大学の位置を明らかにするツール
▶ダッシュボード（4章1節、●45頁）
　ダッシュボードは、アメリカの大学で流行している代表的なツールの1つです。自動車のダッシュボードのように、大学の現在の状況、あるいはトレンドを一目でわかるように、グラフなどで表示したものです。図2-1にその例を示します。

▶環境スキャン（4章2節、●56頁）
　ダッシュボードは大学の状況を一目で示すものですが、その情報を得るためには、学内外のデータの収集と分析が必要です。そのための代表的な手法が**環境スキャン**です。環境スキャンは学内外の状況の変化を次の4つに分け

て把握するものです。①長期的国際的あるいは国内変化、②短期的イベント、③出現しつつある変化、④ワイルドカード（起きる確率は低いが、起きると大きな影響がある変化）。環境スキャンは、大学の現状を把握するとともに、将来予測の基礎となる、IRにとって最も基本的な方法です。

▶高等教育政策の動向分析（4章2節、◯57頁）

高等教育政策の動向を注意深くウォッチし分析することは、大学を取り巻く環境がどのように変化しているか、さらにどのような方向に向かっているかを分析し、自己の大学の立ち位置を明らかにし、大学の意思決定と戦略計画の策定に寄与するという点できわめて重要なIRのツールです。

▶SWOT分析（4章3節、◯62頁）

IRの重要な役割は、大学の強みと弱みを明らかにし、意思決定を支援することですが、これらの環境スキャンのツールの中でもSWOT分析は、ベンチマーキングとともに、大学の強みと弱みを明らかにする重要な手法です。

（2）調査統計とベンチマーキング

▶調査と統計の技法（5章1節、◯73頁）

IRの最も基本的なツールが、各種の調査統計データの収集と分析です。

IRはデータと不可分に結びついています。数字などの定量的データだけでなく、文書などの定性的データも重要です。こうした重要なデータをどのように収集し、ストックし、分析していくかというデータの取り扱いは、IRの最重要な問題です。データを有用な情報にまとめ、学内の情報共有に活かすとともに、おびただしい情報の中から、大学の合意形成と意思決定にさらに有用となる情報に縮約することがIRの仕事です。この収集と分析のためには、社会調査の技法や統計分析の手法が威力を発揮します。

▶学生調査（5章2節、◯84頁）

IRの中でも各種のアンケート調査は重要なツールの1つです。多くのアンケート調査では、個々の質問項目に対する回答の割合を集計（これを単純

第Ⅰ部　IRで何ができるか

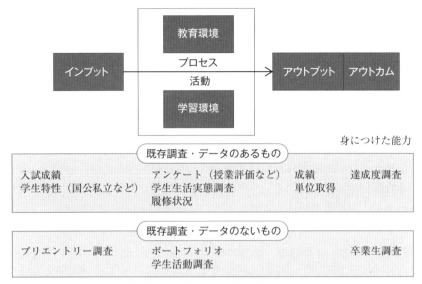

図2-2　総合的な学生調査の例

集計と呼びます）して、終わりにしていることが多いようです。しかし、アンケート調査の強みは、質問項目間の関連を分析することができることです。ここでは特に**学生調査**を例にIRとしての調査の方法を説明します。

図2-2に様々な**学生調査**と学生のデータとの関連を示しました。この図については、第5章第2節「IRと学生調査」（○84頁）で詳しく説明しますが、このように既存の調査とデータをもとに、さらに必要な調査を構想、実施していくことが重要です。

▶ベンチマーキング（5章3節、○95頁）

　IRの重要な方法として、ベンチマーキングは、とりわけ競合する相手校（ピア校）との比較分析をすることを指します。なおベンチマーキングは、方法そのものを指し、その結果はベンチマークと呼ばれることが多いようです。

　ベンチマーキングで最も重要なのは、競合する相手校（ピア校）をどう選定するかです。この場合、同等、先んじている相手、参考となる相手など、

目的によって選定することが重要です。ベンチマーキングの対象とする大学は数校、多くても10校以内にしないと、データの収集や比較などが困難になります。こうしたベンチマーキングの手法を説明します。

> **Column 2**
>
> ## アメリカのIR協会：AIR
>
> 　本書の冒頭でも紹介しているように、IRは1960年代のアメリカで発祥しました。IRの業務に従事する大学のスタッフ、すなわちインスティテューショナル・リサーチャーの協会であるアメリカ・インスティテューショナル・リサーチ協会（Association for Institutional Research: AIR）が創設されたのは1966年のことでした。しかし、それに先立つ1961年から、アメリカのIRerの会合は開催されており、この会合がAIR創設の核となりました。創設当時のAIRの会員数は384人でしたが（AIR 2011）、50年以上の活動を経て、2015年春の時点でアメリカ50州とワシントンDCを拠点とするAIRの会員数は約4,500人に成長しており、国外にも150人を越える会員がいます。AIRでは毎年の年次大会のほかに、ワークショップや地域会合を通じて、会員相互の実践事例の共有やデータの収集と分析に関する研修、情報交換が行われています。
>
> 　アメリカのIR研究の第一人者であるF・ヴォルクワインは、AIRの会員の構成を分析して、アメリカのIRerが受けた「教育のレベルは堅調に向上している」ことや、「IRの実践家の多くは心理学や社会学をバックグラウンドにしているが、それ以外の、たとえば経済学や、あるいは人類学などの分野からの参入も増えている」ことを指摘しています。またAIR自身の会員の分析からは、創設時は約10%にすぎなかった女性会員の割合が、性別に関するデータがとられていた1989年度には40%にまで上昇していたことが明らかになっています（Volkwein 2008）。

第3章
IRの組織をつくるために

　本章では、これからIRを始めようとするときに検討しなければならない組織や担当者の問題について、おおまかな輪郭を得ることをめざします。また、IRの組織に関連して重要な執行部との関連や**情報共有**さらに**全学的合意形成**についても説明します。

1　IRの組織と担当者

▶IRの組織の考え方
　IRの組織やスタッフなどをどのように考えていったらいいでしょうか。きわめて重要なこれらの問題は、大学によって異なることに注意しなければなりません。たとえば、IRの組織は、全学レベルの集権型と学部レベルあるいは財務、企画などの担当部署レベルなど分権型が考えられます。どちらがいいのかは、それぞれの大学の状況に応じて異なります。必ずしも全学的な集権型ではなく、分権型のIR組織の方がうまくいく場合もあります。ただ、分権型で実施する際の課題としては、業務の重複や縦割りの解消、とりわけ組織横断的な課題への対応や全学的視野などが求められます。また、この場合でも全学的なデータの統合は必要となります。データの統合とは、データ自体は様々な部署に収集蓄積されていてもいいのですが、それらを共通の定義とフォーマットで利用可能にすることです。**全国大学IR調査**の結果からは、日本の大学では、まだまだこうした点でデータの統合や利用が進んでいるとは言いがたく、今後の課題となっています[1]。

---

(1)　資料「日本の大学におけるIRの現状」（●187頁）を参照してください。

　また、IR活動が狭義か広義か、その目的が大学全体の強みと弱みを明らかにすることか、教育改善、評価、**エンロールメント・マネジメント**、教学、経営など、様々な分野のうち、どの分野を対象とするのかによって組織のあり方も変わってきます。ただ、重要なのは、できるだけ情報の共有を図れるような組織形態が望ましいという点です。

　また、トップマネジメントが学内から輩出されていて、学内の状況を十分に把握しているような場合には、IRの組織はデータ収集に特化し、経営支援などの役割は大きくなくなるとも言えます（中島 2010）。このように、IRの組織の考え方も大学の置かれている状況を十分考慮する必要があります。

▶IRオフィス

　IRの組織について検討する際の参考として、アメリカの大学のIRオフィスを紹介します。アメリカの大学でIRを担当する組織の総称としてIRオフィスと呼ばれる組織が、ほとんどの大学に置かれています。しかし、名称や実態は様々です[2]。IRオフィスが担当する活動内容と範囲は、大学によって著しく異なっており、きわめて多様性を持っています。たとえば、**ベンチマーキング**なども、必ずしもIRオフィスで実施されているわけではありません。また、これまで見てきたようなIR活動を、すべての大学が実施して

---

[2]　*Column 3*「アメリカの大学のIRオフィスが果たす機能」（⇨41頁）を参照してください。

いるわけではありません。

　小規模校では、IR オフィスがほとんどすべての活動をカバーする場合もありますが、大規模校では、複数の組織に分かれていることが多いようです。たとえば、ペンシルヴェニア州立大学では、計画と機関アセスメント・オフィス（Office of Planning and Institutional Assessment）や機関改善オフィス（Office of Institutional Improvement）や予算オフィス（Budget Office）などに IR 活動は分担されています。特に予算オフィスは大学のファクトブック（Fact Book）[3] やコモン・データ・セット（Common Data Set）[4] なども作成しており、予算オフィスという名称から考えられるより幅広い活動を行っており、IR 活動の 1 つの中心となっています。また、**戦略計画**は計画と評価オフィスが策定しています。

　IR オフィスがどの組織の下にあるかも大学によって異なります。学長直轄の場合もあれば、プロボスト[5] や教務担当副学長あるいは財務担当副学長やエンロールメント・マネジメント担当副学長の直轄である場合もあります[6]。これはそれぞれの大学の発展の経緯と、大学が IR にどのような役割を与えているかで異なります。

　さらに、分権型のガバナンスを行っている大学では、全学的な IR オフィスだけでなく、個々の組織で IR オフィスに相当するものを持っている場合もあります。これに対して、アメリカの高等教育の学生数で大きな割合を占めるコミュニティ・カレッジ[7] では 10 年前にはほとんど IR オフィスが置

---

(3)　ファクトブックは、日本の大学で作成する「大学概要」と共通する部分はありますが、経年データや他大学とベンチマーキングした情報など、組織の現状と課題を適切に理解するための分析データが収録されており、これらを改善するために用いるという点では、位置づけは大きく異なります。実際に日本の大学で実践している事例を土橋・浅野（2015）で紹介しています。

(4)　コモン・データ・セット（Common Data Set: CDS）は、大学が学外に提供するデータを共通の定義とフォーマットで作成したもので、これにより大学間のベンチマーキングが可能となります。詳しくは *Column 5*「アメリカの大学情報公開の現状」（◯149 頁）および小林・劉・片山（2011）を参照してください。

(5)　プロボストは、学長に代わり、学内の管理運営を総括するもので、教務担当副学長などと訳される場合もありますが、教務だけでなく、学生や研究など、学内のすべての業務を総括しています。ただし、すべての大学に置かれているわけではありません。

(6)　第 7 章「エンロールメント・マネジメント」（◯115 頁）を参照してください。

かれていなかったと言われています。

▶IRオフィスの類型

アメリカのIR研究の第一人者であるF・ヴォルクワイン（Volkwein）は、規模と発達の程度あるいは集権的か分権的かで、IRオフィスを図3－1のように4つのタイプに分類しています。コミュニティ・カレッジや小規模の大学ではIR担当者は1名から数名だけの場合も多いようです。この場合には、小規模で分権的な「職人的構造」（図の左上）になり、少人数のIR担当者が職人的なスキルを発揮して、「何でも屋」になることが期待されます。これに対して分権型の大学でIRオフィスが複数ある場合には、IR担当者の数はそれなりに多いのですが、業務の重複などの非効率が問題となる「精緻な浪費」（図の左下）になりかねません。これに対してIRオフィスが小規模であってもよく集約されていれば、「弾力的組織」（図の右上）と言えます。さらに、州立の大きな大学のように、大規模なIRオフィスを持つ場合には、「専門職的官僚制」（図の右下）となります。アメリカの大学のIRの発展は図の左上から右下に移行していると言えます。自大学がどのタイプに属するか、あるいはどの段階にあるかを知ることがIRオフィスを検討する第一歩と言えます。

▶日本におけるIR組織の現状

こうして多様性を持って展開しているアメリカの大学のIRオフィスですが、多様ではあってもほとんどすべての大学に設置されています。これに対して、日本では全国大学IR調査によると、IRという名称を付した全学的組織を有する大学は、全体の9.9％にすぎません。しかし、IRという名称ではないもののIRを担当する全学的組織を有する大学は15.4％で、先の回答と合わせて25.3％と4分の1の大学が全学的IR組織を有していることが明らかにされました。ただし、国立では40.9％がIR組織を有しているのに対し

---

(7) 2年制の短期高等教育機関で、日本の短期大学や専門学校にあたります。ただし、ほとんどが公立で通学生やパートタイム学生および成人学生が多い点が日本の短期大学や専門学校とは異なっているので注意が必要です。

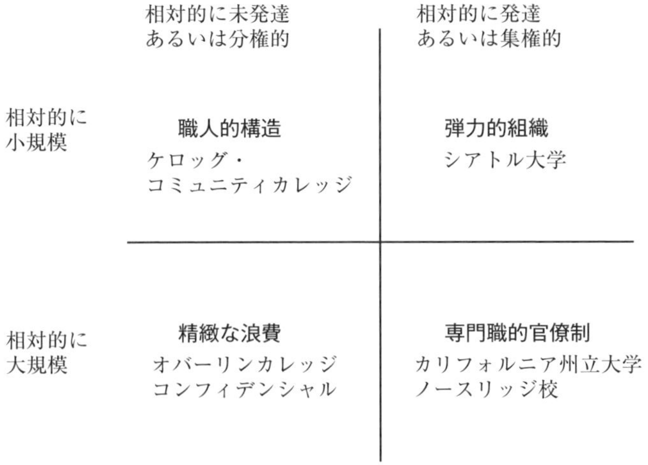

	相対的に未発達 あるいは分権的	相対的に発達 あるいは集権的
相対的に 小規模	職人的構造 ケロッグ・ コミュニティカレッジ	弾力的組織 シアトル大学
相対的に 大規模	精緻な浪費 オバーリンカレッジ コンフィデンシャル	専門職的官僚制 カリフォルニア州立大学 ノースリッジ校

図3-1　アメリカの大学におけるIR組織の4タイプ
注：実際にはこの図には多くの大学が分類されていますが、日本ではあまり知られていない大学が多いため、省略しています。
出所：Volkwein（1999, 2008）．

て、私立では24.7％、公立では10.2％と設置者別に差があります。いずれにせよ、これからさらにIR組織を持つ大学は増えていく傾向にあります。

先に述べたように、全学レベルか部局レベルかにかかわらず、データの統合はきわめて重要です。これについて**全国大学IR調査**の結果を見ると、すでに全学的IR組織を持つ大学について、データの収集・蓄積状況では、財務では93.1％、学務（学籍、成績など）では85.6％、授業評価では82.0％、教員（人事、研究業績、教育業績など）では73.1％が全学レベルで統合的にデータを収集・蓄積しています。全学レベルのIR組織を持つ大学ではデータベースの整備は比較的進んでいるようですが、先に見たように、全学レベルのIR組織を有している大学は全体の4分の1であることに留意する必要があります。

データの統合は特に財務では進んでいますが、アクセス権限は、学務（98.2％）、授業評価（93.6％）、教員（93.7％）、財務（92.8％）の各データについては、それぞれの担当部署が持っており、IR担当者が権限を持っているのは、学務（14.3％）、授業評価（14.7％）、教員（11.1％）、財務（6.2％）にすぎませ

ん。データベースのIR担当者の利用可能性という点ではまだ大きな課題が残されていると言えます[8]。

▶IR担当者

IRのスタッフをここではIR担当者と呼ぶことにします。IR担当者にも様々なレベルとスキルがあります。データベース構築や統計のプロ、あるいは社会調査の専門家、政策アナリストなど様々なスキルの持ち主が担当しています。そうした多様なIR担当者のスキルとレベルを包括的に理解するためには、P・T・テレンジーニ（Terenzini）の3層の情報力が、重要な示唆を与えてくれます（Terenzini 1999）。この3つの情報力とは、技術的分析的情報力（technical/analyitical intelligence）、課題情報力（issue intelligence）、状況的情報力（contextual intelligence）で、これらはIR担当者のスキルを検討する際にしばしば引用されるものです。

＜技術的分析的情報力＞

テレンジーニによれば、IR担当者に求められる最も基本的なスキルは、技術的分析的情報力（第1層）で、学生や教員などに関する事実や情報の収集、さらにST比、FTEなどの基本的な概念の理解と使用[9]、**調査統計手法**などです。いわば、調査統計やデータベースなどに関する基本的な知識とスキルと言っていいでしょう。統計手法にもクロス集計など簡単な集計から多変量解析まで様々なレベルがありますが、各大学がどこまでを求めるかは、IRの進捗状況によると言えます[10]。

他方、データベース担当者は、データを扱うプロで、**リレーショナル・データベース**（RDB）のスキルがあることが望ましいとされます[11]。さら

---

(8) これらについては、資料「日本の大学におけるIRの現状」（●187頁）を参照してください。
(9) ST比は、教員1人当たり学生数（Student Teacher Ratio）で、FTEは、フルタイム換算学生数（Full Time Equivarent）です。アメリカの大学ではパートタイムの学生や教員が多いため、パートタイム学生3名でフルタイム学生1名と換算するなどの措置が採られます。教員の場合も同様です。
(10) 第5章第1節「調査と統計の技法」（●73頁）を参照してください。

に、調査担当者・データ分析者は、高等教育、心理学、社会学、ビジネス、OR（オペレーションズ・リサーチ）、統計学など、様々な分野の専門家として高度のスキルを持つ者が望ましいと言えます。

＜課題情報力＞

こうしたテクニカルな情報力に対して、第2層の課題情報力は、学内の問題点を発見し、意思決定に役立つスキルです。たとえば、入学者数の予測には、単なる技術的スキルだけでなく目標設定のプロセスと問題点、さらに**戦略計画**との関連を理解する必要があります。このスキルは、状況に依存しますので、経験を積むことが重要です。

＜状況的情報力＞

さらに、第3層の状況的情報力とは、高等教育全体の文化や特定の高等教育機関の文化を理解するスキルで、歴史・政治・ガバナンス・慣習・キープレイヤー・価値観などに対する深い理解が求められます。つまり、学内だけでなく広い視野から大学全体を位置づけ、長期的に見渡すスキルと言っていいでしょう。

この3層のスキルは等しく重要ですが、下位の層のスキルを持つことがより上位の層のスキルの形成の前提となります。一方、上位の層のスキルがなければ下位の層のスキルが生かされないとも言うことができ、こうした3層が**重層的**になっていることが理想的なのです。ここまでのスキルを要求するのは、日本の大学の現実からすると、なかなかハードルが高いと言えますが、到達目標として、それをめざして能力開発していくことが重要です。

また、一人のIR担当者がこれらの役割をすべてこなすことも困難です。理想的には複数のIR担当者が異なる役割を持つことです。また、必ずしもこれらのスキルがすべての大学のIRのスタッフに必要とされているわけではありません。たとえば、大学のデータが**リレーショナル・データベース化**されていないときに、そのスキルはただちには必要ではありません。しかし

（11） リレーショナル・データベースについては第6章「大学のデータを集める」（●105頁）を参照してください。

その後、IRが発展し、データが統合されていくと、**リレーショナル・データベース**の構築が必要となってきます。その構築のためには相当のスキルと労力を必要とするので、あらかじめ十分検討しておかなければなりません(12)。

こうしたスキルや情報力を持っているスタッフは自校にはいないという声がしばしば聞かれます。実際、日本の大学の現状では、なかなかこうしたスキルや情報力を持つスタッフは限られているという感は否めません。しかし、これは鶏と卵の関係だと言えます。日本の大学でIR活動を活発に行っている事例を見ると、様々な試行錯誤の積み重ねで、独自のIRやその担当者をつくってきたところが多いように見受けられます。先にふれたように、**全国大学IR調査**で明らかになったことの1つは、必ずしもIRと銘打っていなくてもこうした活動が様々な形で多くの大学内で行われているということです(13)。ただし、念のために申し上げますが、**全国大学IR調査**の調査項目に挙げたことをすべて実施する必要はありません。いくつか参考になることを中心に、自大学の現状を見直すことがIRの第一歩となるでしょう。現在の日本の大学のIRの現状からすると、IR担当者に最低限必要とされるのは、学内のデータについて、きちんと答えられる、あるいは少なくとも誰に聞けばいいのかは知っている、そしてそのデータの利用方法をアドバイスできることだと言えるでしょう。

2　IRと執行部

2014年に学校教育法と国立大学法人法の改正がなされ、2015年からは学長のリーダーシップによるガバナンス改革を進捗させるために、教授会の役割が従来とは違う形で機能することになりました。加えて、2015年からは国立大学法人では学長選考の見直しが進められています。法律による改正に加えて、2016年度より国立大学の運営費交付金の配分方法も変更されるこ

---

(12) 詳しくは第6章「大学のデータを集める」（●105頁）を参照してください。
(13) 詳しくは、資料「日本の大学におけるIRの現状」（●187頁）を参照してください。

とになりました。私立大学にも関係の深い補助金も大学改革の進捗と連動しているため、私立大学の学長をはじめとする執行部にとってもいわゆるガバナンス改革は対岸の火事ではありません。

　また、すべての大学にとって、学生人口が減少し、大学進学率がそれほど上がらない中、いかに学生を確保するかというテーマは健全な大学経営をしていくには最も大事な原点であると言えるでしょう。それではそのために執行部はどのような方向性を定めて何をしなければならないのでしょうか。執行部は、**戦略計画**、中長期計画を立て、大学の財務、学生情報、卒業生の動向、地域との連携、施設の充実と効率的なスペースの活用、産業界との連携、国際化、研究活動の充実、学生志願者情報に基づくマーケティング戦略、広報の充実、学生の満足度のアップ、あるいは卒業生の産業界からの評価など様々な方策を打ち出し、そうした方策の評価と強化、あるいは場合によっては効果のない方策の見直しなども行わなければなりません。

　それを実行するためにも、エビデンスに基づいた分析・評価が不可欠となります。この意味において、執行部が大学経営を着実に実施していくためには、IRを理解し、活用していくことが重要となります。国立大学法人にとっては、毎年の法人評価や他の業績評価では、目標を示し、それを実行していかねばなりませんから、数値に基づく現状の把握と分析、評価が当然欠かせません。IR部門はそうしたデータの収集、集積、そして分析を行い、執行部の大学経営のための意思決定に役立つ情報を提示しなければなりません。一方、私立大学にとっては、定員を十分に埋めることが健全な経営につながるということから、学生募集とIRは密接に結びついています。どのような地域から入学している学生が多いのか、どの地域を学生募集の重点としていくかなど戦略を立てるうえでも、IR部門によるデータの収集と分析は欠かせません。

　それではこれまでIRは日本ではどのように位置づけられていたのでしょうか。九州大学の大学評価情報室が中心となって、2011年に全国の86国立大学のIR担当理事に対して行った「IR組織に関する意識および実態に関する調査」を参考にすると、大学にとってIRが必要であると認識している理事は71％に上っています。その理由として「経営改善に必要」(62％)、「内

第Ⅰ部　IRで何ができるか

部質保証システムの構築への対応」(44%)、「大学評価への対応に必要」(42%)、「学士課程教育の改善に必要」(16%)、「大学院教育の改善に必要」(12%)［複数回答］が挙げられているなど、IRの必要性が日本においても認識されつつある状況が示されていました[14]。

　このようにIRの必要性は比較的高く認識されているにもかかわらず、IRはなかなか日本では進展してきませんでした。こうしたことをふまえて、IR担当者は執行部に対して、どのようにデータを分析し、情報をまとめて作成し提示すればよいのでしょうか。IR担当者に必要とされるスキルはいかなるものでしょうか。また執行部はどのように一連の資料作成を要求し、活用すれば効果があるのでしょうか。

▶担当者のスキルと人材育成

　IRが誕生してからの歴史が長いアメリカでは、様々なIR専門職への研修が行われていますし、専門職をめざす人々を対象とした教育プログラムも充実しています。研修や教育プログラムには、前節で挙げたようなIR担当者に求められる技術の習得に関する内容が最も多く、初級から中級、上級レベルの統計技術の習得、アセスメントの理論、調査の設計、データベース活用法、さらにはアメリカのIR担当者が作成、提供するデータから成り立っているIPEDSと呼ばれるデータベースの使用方法も含まれています[15]。IR担

---

(14)　高田他（2012）を参照しました。

当者は，こうした技術を習得することが前提条件となりますが、同時にわかりやすい報告書やデータ資料の作成スキルが求められます。言い換えれば、IR担当者は研究者として論文を執筆するのではなく、誰でもが理解できるような平易な文章で、読みやすく、論理的な報告書や資料を作成する技術が必要となるわけです。また、技術だけでなく、コミュニケーション・スキルもそれ以上に大事な要件となります。IR担当者はデータの集積に際して、様々な部署との折衝、交渉が欠かせない部門でもあるため、人とのコミュニケーション・スキルが求められます。もちろん、執行部に対して資料をわかりやすく説明する能力やスキルも必要となります。

執行部は、IR担当者が作成した資料を理解し、全体像を把握し、そうしたデータの持つ意味を読み取り、健全な意思決定へと役立てていかねばなりません。しばしば、多くの資料作成やデータの提示を要求することが多くなりがちですが、多くの資料や様々なデータがあることが、必ずしも効果的なマネジメントにつながるわけではありません。むしろ、多くの資料やデータの中から、役に立つ情報を取捨選択し、データを間違いなく読み取り、意思決定に役立てていくスキルが必要となります。無駄のない資料作成を要求することも執行部の力量と言えるでしょう。執行部の入れ替わりによってIR担当者が一生懸命作成した報告書あるいはデータ分析が使われないようなことも起こりがちです。IRに関しては長期的な戦略策定という側面にも関わる部分が多いので、どこにどのような情報があり、どのような場合にそれを使うかということについては引き継ぎにより恒常的に位置づけていくことも不可欠と言えます。

また、IRでしばしば問題とされるのは、レポートを書いて提出すれば終わりというような状況や、執行部の机の上にレポートが放置されているよう

---

(15) IPEDS（Integrated Postsecondary Education Data System）は、全米教育統計局（National Center for Education Statistics: NCES）が作成する個別高等教育機関の統計で、各高等教育機関は、各機関のデータを作成しNCESに提供する必要があります。日本の文部科学省「学校基本調査」にあたるものですが、個別高等教育機関のデータが公表されている点が異なります。これによって高等教育機関間のベンチマーキングが可能になっています。詳しくはColumn 5「アメリカの大学情報公開の現状」（●149頁）を参照してください。

な状況です。実際にそうしたIR活動が大学の意思決定に有用でなければ、IR活動の意義は半減します[16]。

有能なIR担当者が作成する資料と分析したデータそしてそれを有効に活用する執行部という関係が構築されると、大学経営、**教学マネジメント**は良い方向へと向かうと言えるでしょう。このためには、第4章で紹介するダッシュボードのような、コンパクトに大学の状況を把握できるツールをIR担当者が活用することが重要です[17]。

3 情報提供、意思決定支援、全学的合意形成

▶IRと意思決定

J・L・ソープ（Saupe 1981, 1990）の定義[18]にあるように、IRは「機関の計画立案、政策形成、意思決定を支援するための情報を提供する目的で、高等教育機関の内部で行われる調査研究」です。ソープの定義で重要なことは、「意思決定を支援する」のであり、IR担当者が意思決定を行うわけではないということです。いわば黒子のように、執行部や学内関係者の意思決定を側面から支援するのです。

では、意思決定とは何か。一般的には、特定の目標を達成するため、ある状況において複数の代替案から最善の解を求めようとする行為とされます[19]。したがって、意思決定そのものは、あらゆる状況で行われている事象であり、大学においても、様々な場所やタイミングで行われています。たとえば、入学定員を充足できていない、入学した学生の学力が低い、開講している授業に対する学生の満足度が低い、卒業生の就職状況が芳しくない、といった現存する各種の課題や問題に対して、関係する委員会や部署が随時、

---

(16) Seybert（2012）；Levy and Ronco（2012）．
(17) 詳しくは次節を参照してください。
(18) 第1章第1節「IRとは何か」（◯3頁）を参照してください。
(19) 意思決定に関する研究については、1978年にノーベル経済学賞を受賞したハーバート・サイモンの一連の著作を起点としています。同氏は、組織における人間の限定合理性と意思決定過程の研究に機軸を置いていましたが、その後の意思決定研究の大きな2つの流れである「最適化意思決定論」と「満足化意思決定論」の礎となっています。

対策を決定して実行しています。また、大学の将来像やめざす方向性を学内外の関係者と協議し、それらを**戦略計画**や中長期計画として策定し、そのもとで、各種施策を決定し、実行しています。

一方、アメリカの様々な大学で学長を務め、大学組織論の大家とされるR・バーンバウム（Birnbaum）によると、大学における意思決定は、企業組織における合理主義的意思決定によってではなく、構成員の合意形成によって運営されがちであるとされます。また、2012年に発刊されたアメリカIR協会のハンドブック（Howard et al. 2012）の第8章において、IRはどのように学長の意思決定を支援できるかが検討されています。そこでは、以下のことを論じています。

> 大学は一般的な企業とは異なり、シェアド・ガバナンス（共同統治）を基本とし、理想的には組織のミッション、方針、予算と財務の優先項目に関して運営・戦略の両面で決定を下す責任を執行部、教員、職員および学生が相互に分かち合うものとして考えなければならない。加えて、学長は全学的利益の観点から考え、行動し、最終決定を下す前に多様な利害関係者から合意やコンセンサスを得なければならない。そのうえで、最終的には学長のリーダシップおよび利害関係者からの支持が決定要因となるものの、合意に至るまでの過程を、信頼できる情報提供を通じて支援するのがIRの重要な役割の1つである。

▶情報提供

上記の意思決定に必要な情報を提供するにあたり、IRはどのような手段あるいは媒体を有するのでしょうか。アメリカの高等教育機関のうち、大規模あるいは先進的なIRを推進している機関では、第4章第1節（➡45頁）に取り上げている**ダッシュボード**を通じて提供しています。たとえば、学科や教育プログラムごとの学生数、開講授業数、教室稼働率、登録単位数など、経営や財政に関する**キー・パフォーマンス・インディケーター**（Key Performance Indicator: KPI）として公表されています[20]。ここでのポイントは、即時性とわかりやすさであり、閲覧者が一目でわかるように視覚的に工夫した図

表などで示されていることです。

　次に、機関の概要や現状と課題などを示すファクトブック（Factbook）があります。通常、毎年作成され、IR 部署で把握している多くの数値が掲載されています。たとえば、フルタイムおよびパートタイムの経年学生数、学生の性別や人種比率、休学・留年・退学者数、留学生数、教育プログラムごとの卒業・修了率など、教育関連の基礎情報が盛り込まれています[21]。一部の大学では、これらのうち、特に高校生や保護者に関心の高い情報を集約したものをファストファクト（Fast fact）として、各種パンフレットやホームページなどで発信しています。

　上記以外では、学内各所から寄せられる要望に応じて作成する報告書、あるいは州政府や奨学金授与団体などの学外機関からの要請に応じて作成する報告書があります。これらは、要望や依頼元によって、用いるデータの定義が異なることが多く、その取扱いには注意が必要ですが、機関の現状を把握するうえで、参考情報として活用することはできます。

　以上、IR 部署が情報提供に資することのできる代表的な手段や媒体などを概観しましたが、これらに共通する考え方として、要約（executive summary）の作成があります。要約とは、概要や要点を簡潔に説明した、通常、数ページ以内で作成する資料です。これは、多忙な日々を強いられる執行部への報告などにおいて重要な意味合いを持ちます。執行部には、学内外から種々の情報や報告書が送付されます。このような状況下では、IR 部署で各種データを駆使して内容豊富な成果物をまとめたとしても、冗長と受け止められてしまえば、手にとってさえもらえないかもしれません。そのため、それらが示す課題や問題は何なのかといったことについて、概要や要点などを簡潔に説明した資料を別途作成することで、ひとまず手にとってもらい、課題や問題への関心を喚起する機会につなげることができます。そのうえで、作成した詳細な報告書や分析結果の確認へと誘導することができます。

---

(20)　第 5 章第 3 節「IR と大学ベンチマーキング」（⇒95 頁）を参照してください。
(21)　⇒本書 27 頁注（3）を参照してください。

▶ 意思決定支援

　先述したように、IR担当者は、意思決定そのものは行わず、その過程での議論のもととなる情報を、先述した手段や媒体を通じて提供しながら、側面的に支援することになります。具体的には、IR担当者が学内各所の結節点となって、意思決定の当事者間での共通の認識の醸成に向けて働きかけることです。

　たとえば、昨今の日本の大学において関心が高い学習成果の把握・測定を例にとると、以下のような状況が想定されます。執行部は、たとえば大学への説明責任に関する要請が強まるにつれ、その対応が必要であると認識しても、実際の教育の担い手である教員は、それを問題とは認識しないかもしれません。このように、意思決定の当事者間で課題や問題に対する認識が異なれば、IR部署が各種情報や分析結果を提示しても、意思決定には至らない状態が生じてしまいます。そのため、IR部署は執行部がどのような根拠に基づいて課題や問題を提起しているのかを理解するとともに、成績分布や就職先調査の結果、政府の政策などを参照しながら、実際の授業を担当する教員との協議を重ね、双方の認識の差異を埋める努力が求められます。もちろん、この過程をもってしても、双方が共通認識には至らず、意思決定には結びつかないかもしれません。しかしながら、IR部署が結節点となって、課題や問題に対する双方の適切な解釈を促進することで、その頻度を逓減させることができるでしょう。

▶ 全学的合意形成

　バーンバウムやアメリカIR協会が指摘するように、大学は一般の企業組織とは異なる論理で運営されています。一般企業のように、上意下達的な意思決定の仕組みではなく、あくまでも構成員や利害関係者の合意を得ながら決定するということです。また、大学の規模や組織文化（同僚制型、官僚制型、政治型、無秩序型）によっても、意思決定の過程は異なるとしています[22]。IR担当者は、大学のこうした組織特性をふまえたうえで、意思決定の支援

---

(22)　このタイプについては、Clark（1983）を参照してください。

に臨む必要があります。

　では、どのようにして合意形成を図ることができるのでしょうか。一般的に、合意形成とは、議論などを通じて関係者の持つ多様な価値観や考え方を顕在化させ、相互の意見の一致を図る過程を指します。昨今、地方自治体などで推進されている市民参加型のまちづくりなどで合意形成システムが導入されていますが、そこでは、議論ができる場の設定、議論の促進につながる十分な情報提供、議論の結果の公開が合意形成に至るうえで重要だと言われています。これを大学にあてはめると、議論の場としては、各種の会議体や委員会などがあり、情報提供については会議資料、議論の結果の公開については会議録や議事録が該当します。したがって、合意形成に向けた手順は踏んでいますが、相互の意見が一致するのは稀で、合意形成に至らない場合が多いという実態があります。その理由としては、議論の場への参加者が流動的であったり、何について議論する場なのかが共有されずに議論が進められていたり、最終的に誰が何を決定するのかが不明確なまま議論されているということが考えられます[23]。こうした事態を少しでも解消するうえで、IR部署は上述したように、課題や問題に対する双方の適切な解釈を促進するための結節点となることが肝要です。より具体的には、議論の参加者に対して、資料を送付するだけでなく、データなどに対する適切な解釈を促すための補足資料の追加提供であったり、直接説明の機会を設けたりすることが考えられます。こうした地道な情報提供や課題の共有に向けた事前の調整（いわゆる根回し）を積み重ね、合意形成に向けた地ならしをすることが、全学的な合意形成に導くうえでは不可欠と言えそうです。

---

(23)　このことは、Cohen et al.（1972）でも同様の見解が示されています。彼らは、大学の組織を含めた教育組織においては、組織の目的に関する構成員の意識が曖昧かつ多様であり、組織を取り巻く状況についても因果関係が理解されにくいため、共通の合意を形成し、何かを決定することが困難であるとしています。

Column 3
アメリカの大学のIRオフィスが果たす機能

　Column 2「アメリカのIR協会：AIR」で紹介したAIRが、2013年に、全米州立大学システム総長協議会（National Association of System Heads: NASH）と共同で、アメリカの州立大学のIRの実態を、システム（複数のキャンパスからなる州立の大学の集合体）と個別キャンパスのレベルで調査しています。このうち個別キャンパスのIRオフィスに対する調査結果（有効回答数おおむね150件）を見てみると、IRオフィスが重視している業務として、最も高率の回答を得られたのが、「学生ないし学生に関連する調査」（93.5％）でした。授業ごとの履修学生数や学位の授与件数など「教育課程に関する情報」（92.3％）も同じく高率です。また、「短期戦略計画」を重視しているという回答は60％でしたが、これが「長期戦略計画」となると53.6％と若干の下降を見ます。「財務情報」を重視していると回答したキャンパスのIRオフィスは20.9％でした。

　また、実際にキャンパスのIRオフィスの活動が実効を挙げているかどうかの自己評価について調査した項目では、「幹部レベルの意思決定の改善」が最も高く68.2％が高い貢献をしていると回答しています。また「学生の成功の改善」に高く貢献しているという回答の割合は52.7％、「学生の卒業率の改善」に対する貢献を高く自己評価する割合は51.7％でした。一方「授業量の低減」に高く貢献していると考えているIRオフィスは全体の5.5％でした。アメリカの州立大学のキャンパスのIRオフィスが、学生に関する調査に注力し、また学生の学習環境の向上への貢献に自負を抱いていることがわかります。それとは異なって、財務に関するデータの収集、分析は主要な業務にはなっていないようです。また、戦略計画におけるIRの役割が今後どう変化するかは注目すべきポイントであると言えます。

第 II 部

Institutional Research

大学とIRのツール

第 4 章　大学を見る
　　　　──IR の主なツール（1）……45

第 5 章　大学を調べる
　　　　──IR の主なツール（2）……73

第 6 章　大学のデータを集める
　　　　──IR の主なツール（3）……105

第Ⅱ部ではIRでよく用いられるツールを具体的なケースに即して紹介して、実際にIRを行う際にどのような注意が必要かを説明します。第4章では、**ダッシュボード、環境スキャンと高等教育政策の動向分析、SWOT分析**と、自大学が置かれている位置とその強みと弱みを明らかにする「大学を見る」ツールを紹介します。これはIRにとって最も基本的なツールであると言えます。次いで、第5章では、**調査とベンチマーキング**という、これもIRの基本的で重要な「大学を調べる」ツールについて、具体的に説明します。最後に第6章では、**データの統合とデータベース**という、一般にIRと言ったときに最もイメージされる「大学のデータを集める」IR活動について紹介します。

第4章
大学を見る
——IRの主なツール（1）

　IRの第一歩は、自大学を分析するために学内外の状況を把握することです。そのために、有用なダッシュボード、環境スキャンと高等教育政策の動向分析、SWOT分析の3つのツールを紹介します。これらはIRにとって最も基本的なツールですが、有用性が高く、IR担当者がぜひとも身につけたい重要なツールです。

1　大学のダッシュボードをつくる

▶ダッシュボードとは

　「ダッシュボード」という言葉を耳にしたことがあるでしょうか。身近な例では、自動車のダッシュボードが挙げられます。自動車のダッシュボードは、スピードやガソリン残量、シートベルト着装の状態など、自動車の現在の状況が視覚化されています。あるいは、人体の状況を血圧や心拍、体温などの数値で一覧できるように表すバイタルに似たものと言ってよいかもしれません。「ダッシュボード」とは、1つの組織や装置、生命体などの「現在」の状態を切り取って見せる仕掛けなのです。共通しているのは、全体的な現状を、数値に基づくグラフィックで、一目でわかるように提示していることで、重要なのは、数値、すなわちデータに基づいているということです。

　大学にある様々なデータを、一目でわかるようにするというのはどういうことでしょうか。架空の愛在大学のダッシュボードの例を見てみましょう。ここでは学生数をはじめ、科目の開設状況や、年度の定員充足率およびST比に加えて、進行中の学期の履修学生数別の開設科目数がわかるというダッシュボードを、全学レベルと経済学部について設計してみました。この例で

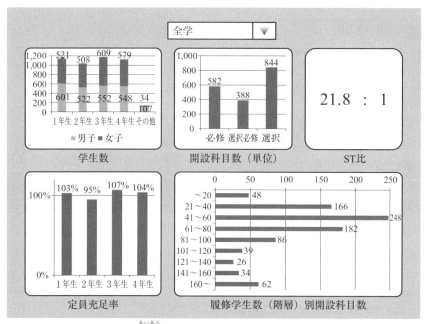

図4-1　愛在大学の全学レベルのダッシュボード

は便宜的に、図4-1に示した全学レベルのダッシュボードと図4-2に示した経済学部のダッシュボードの内容を相互に対照的なものとしていますが、言うまでもなく、ダッシュボードに表示される情報は、各大学や部局のニーズに沿って取捨選択することが可能ですし、さらには1枚のダッシュボードの中に示される情報として、タイムスパンの長いものや短いものをとりまぜることもできます。たとえば学生数にしても、図4-3のように、「現時点で在学している全学生数」から、細分化していって、「現時限に学内の各棟の各階で行われている授業に履修登録している学生数」を示すようなことも可能です。たとえば、カナダのコンコルディア大学で実際に用いられているシステムでは、ダッシュボードに示される情報に、各時限の履修登録学生数が含まれています。この情報を把握することの利点の1つとして、「授業中に災害が起きたとき、各教室内にいるであろう学生の数を瞬時に把握できる」(Durso 2009) ことが挙げられています。もしもこの大学が、授業への出席を学生IDカードなどで電子的に管理しているならば、ある時点での「各教室

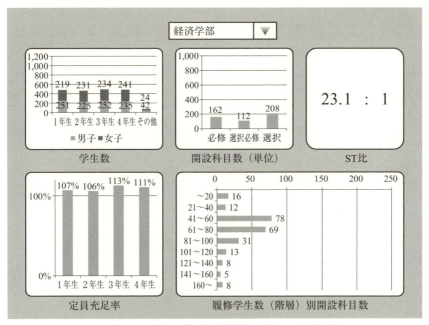

図4-2　愛在大学の経済学部のダッシュボード

内に実際にいる学生の数を瞬時に把握」することすら可能でしょう。データ収集は、労力と時間及びコスト、そして技術に限界を設定しない限り、いくらでも詳細に掘り下げることができます。ここで重要なのは、どのようなデータが情報として求められているか、そして現実にどこまでのデータ収集が可能なのかを見きわめて、一方にある需要と、もう一方にある供給のためのマンパワーや時間、予算の折り合いをつけることだと言えるかもしれません。

▶インフォグラフィックとは

　では、データをダッシュボードに示すことにはどのような利点があるのでしょうか。ごく単純な比較のために、過去7年間にわたる愛在大学のフルタイム換算での全学生数のトレンドを、表4-1には数値だけで、図4-4にはグラフで表しました。学内では注目を集めることの多いなじみ深い数字も、表現の方法をグラフィックにするとさらに訴求力が増すことがわかります。ダッシュボードの強みは、この「グラフィックで表す」ことです。ダッシュ

第Ⅱ部　大学とIRのツール

在学学生数：4,581

今学期の履修登録学生数：4,476

今日の授業履修登録学生数：3,782

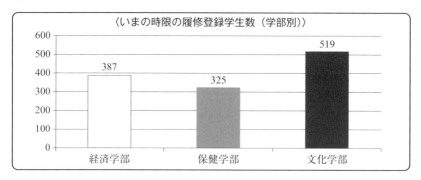

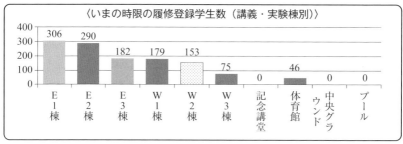

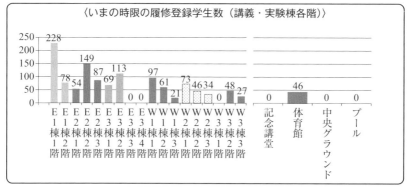

図4-3　愛在大学の学生数情報細分化

表4-1 愛在大学の学生数の経年変化
(人)

年	2009	2010	2011	2012	2013	2014	2015
経済学部	2,005	2,017	1,998	1,996	1,983	1,979	1,954
保健学部	0	0	169	342	508	653	649
文化学部	2,160	2,172	2,098	2,071	2,073	1,962	1,978
計	4,165	4,189	4,265	4,409	4,564	4,594	4,581

図4-4 愛在大学の学生数の経年変化

ボードのような、数値や知識をグラフィックスで表す手法は**インフォグラフィック**と呼ばれることもあります。

インフォグラフィックという言葉にはあまりなじみがないかもしれませんが、たとえば「矢印」や「化粧室の入り口にある男女の形のピクトグラム」、あるいは地形や建造物の配置をグラフィックで表した「地図」もインフォグラフィックの一種です。ですからキャンパスマップも、それ自体インフォグラフィックの手法を用いたデータの可視化の方法であると言えますが、ここではそのキャンパスマップに、さらに、先に図4-3に示したダッシュボードの情報のうち、中央のグラフ、すなわち講義実験棟別に見たいまの時限の履修登録学生数の情報をプロットしてみました。それが図4-5です。この

第Ⅱ部　大学と IR のツール

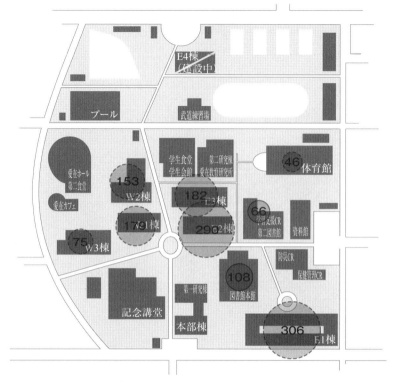

図 4-5　キャンパスマップにプロットしたいまの時限の履修登録学生数（講義・実験棟別）

図と、図 4-3 を見比べると、グラフィックのつくり方によって、データの見え方、すなわち情報の訴求力が大きく異なりうることがわかるでしょう。図 4-5 に示された数字は、学生の履修登録情報および教室・実験室の使用情報と連動していて、したがって次の時限が始まれば別の数字を示すことになります。愛在大学では、学生の出席状況のリアルタイムでの情報化は行っていないようですから、図 4-5 の数字は実際に校舎内にいる学生の数とは異なっているはずです。また、食堂やカフェなど、利用に事前登録を要しない施設・設備にいる学生数も示されていません。ただ、図書館本館と第二図書館では入館者数の電子化 ID での管理を行っているようで、図 4-5 には入館者の実数を、実線で囲んだ数字で示していることがわかります。反対に、登録上の数字である各講義棟・実験棟の各時限の学生数は、破線で囲むとい

50

う工夫がされています。

　この、愛在大学の時限別の履修登録学生数マップや、あるいは先に挙げたコンコルディア大学の例に見られるように、ある瞬間のキャンパス内の学生数のおおよその分布が把握できると、災害が起きたときのような、ごく短時間の情勢判断に役立つことは確かでしょう。そのような一刻を争うときにより訴求力の高い形で情報を提供できることは、ダッシュボードの利点の1つです。

　これとは別に、ダッシュボードは、幹部レベルの意思決定や各レベルの計画立案に役立てられうることに特徴があると言えます。中でも、幹部レベルの長期戦略に関わる意思決定に用いるためには、ダッシュボードにはデータの経年変化が示せるような仕掛けが求められます。図4-4に示した学生数の経年変化がその典型的な例と言えるでしょう。

　あるいは、直近のデータだけを示すことを主眼にした資料であっても、インフォグラフィックの手法を用いることによって経年変化の情報を盛り込むことも可能です。図4-6には愛在大学の、幹部レベルの戦略計画のための資料を示しました。この資料では、直近のデータをカテゴリ別に示していますが、同時に過去5年間のデータと比較した結果をセルの色と枠線、およびマークで示しています[1]。この資料では、すぐに対応が必要な項目を太枠の赤セルで、長期的な対応の必要のある項目を破線枠の黄セルで、好ましい状況で推移ないし安定している項目を細枠の青セルで示したうえで、過去5年間の推移を上昇△、下降▽、安定〇のマークで示し、かつ変化のスピードをマークの塗りつぶしと白抜きで分けて表現するというのが愛在大学の流儀のようです。このようなデータの提示のしかたを採用した資料も、ある種のダッシュボードと言えるでしょう。なお、この愛在大学の戦略計画[2]のための資料に見られるように、ダッシュボードなどのインフォグラフィックを

---

(1)　図4-6では、赤セル→濃いアミカケ、黄セル→薄いアミカケ、青セル→白で示しています。愛在大学の戦略資料のカラー版については、本書カバーの折り込み部分を参照してください。また、本書の特設サイト（http://www.keio-up.co.jp/kup/sp/uir/）も参照してください。

(2)　第10章第1節「戦略計画とIR」（●167頁）を参照してください。

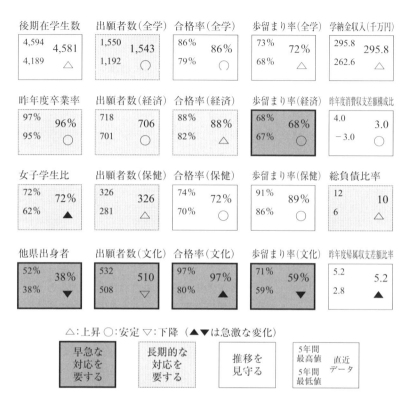

図4-6　愛在大学幹部向け戦略会議資料

用いた資料を作成する際に、色だけにすべての意味を代表させないということは見逃されがちですが重要なポイントです。図4-6の愛在大学の例では、色に加えて枠線の形式に同じ意味を代表させて、資料を白黒で複写した場合に備えると同時に、閲覧者の色覚に完全に依存しないような工夫がされています。

▶データの収集と整理の重要性

このようなダッシュボードの作成には、何をおいてもデータの収集と整理が必要です。学内に散在するデータをバーチャルに統合して可視化することがダッシュボードの機能ですが、この機能を実現するためには緻密な情報の収集と凍結[3]が必要です。かつ、そのような情報の収集を実現するために

第4章　大学を見る

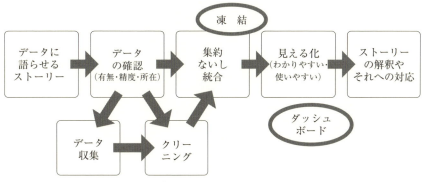

図4-7　データ収集とその前後のプロセス

は、学内にデータ収集への意識の醸成が求められます。逆に言えば、ダッシュボードのようなインフォグラフィックの作成を通じて、学内にデータ収集への意識を醸成することができるかもしれません。大学のように大きく複雑な組織の現状が、たとえ断片的であれ「一目でわかる」というのは、少なくとも大学に関わる人々にとっては魅力的なことであるはずです。

　しかし、データを収集するということは、あることがらに関する数値を集めてきて合計するといった単純な作業ではありません。そこにはまず目的が必要です。すなわち、あるデータを収集し分析することによって、どのようなストーリーを語らせようとしているのか、その認識が不可欠だと言えるでしょう。語るべきストーリーにふさわしいデータの収集と整理を経てはじめて、データは「単なる数字の集積」から「情報」へと意味の脱却を図ることができるのです。

　図4-7には、考えられる学内のデータ収集のプロセスを図解しました。まず必要なのは、データをどのような情報に変換しようとしているかという問いの設定、いわばデータに語らせるストーリーの構想です。この時点ではそのストーリーがどのような結論に至るかまでは決まっている必要はありません。重要なのは、自大学にとって、あるいは特定の部署において、どのような問題を解決するためにどのような種類のデータが必要か、全体的な構想

（3）「凍結」（freezing）とは、データを確定させることを意味します。

第Ⅱ部　大学とIRのツール

を描くことです。その構想にしたがって、手持ちの数値を組み合わせれば情報が引き出せるのか、そのデータはどこかにあって誰かが管理しているのか、どの程度の規模で、どの程度詳しいものなのか、あるいは新たにデータ収集する必要があるのかを確認します。新たにデータ収集をする必要がある場合には、収集されたデータをクリーニング[4]し、物理的に集約あるいはバーチャルに統合して、凍結する必要があります[5]。

　ここまでのプロセスを経て、ようやく数値をわかりやすい形で提示するダッシュボードの形成が可能になります。洗練されたダッシュボードの裏側にはひたすら地道なデータの収集とクリーニングと**凍結**の作業が隠れています。このような作業がなければ、大学が最初に設定した問いに答えを出すことは困難でしょう。データの収集と解釈から得られたストーリーに基づいて、大学は問題への対応策を講じることができるのです。対応策はごく短期のものから長期のものまでありえます。たとえば、「E3棟の2階にいますぐ消火器を持って駆けつける」というものから、「近畿地方の私立高校の生徒を対象とした大学案内の重点化を図る」、あるいは「助産学の教員を新たに雇用するための人事委員会を立ち上げる」といったように。

---

(4)　収集されたデータには、誤りや欠損値（あるべきデータを欠いている数字）、不正確なものなど、様々なものが混じっています。これらを修正したり、削除して整合的なデータにすることをクリーニングといい、データ処理のための重要な仕事の1つです。
(5)　詳しくは第5章1節「調査と統計の技法」（◎73頁）と第6章「大学のデータを集める」（◎105頁）を参照してください。

▶ダッシュボードの活用

　ただし、洗練されたダッシュボードの作成は、必ずしも学内のIR担当部署やIT担当部署だけでは対応しきれない場合も考えられます。システム構築にあたって、作業を外注することは大いに考えられることです。生のデータをむやみに学外に持ち出さない、契約時に秘密保全に関する分与を交わすなど、十分な対応を講じた上で、インターフェイスの作成を外部に委託することは、大学によっては必然のプロセスであるとも言えるでしょう。ここで重要なのは、データに語らせるストーリーの構想と、データが何を語っているかを解釈し、いかに対応するかを決めることです。大学がどのような問題に直面しているのかを割り出すことと、得られた数字にはどのような意味があるのかを読み取ること、そして大学の採るべき途（みち）を決めること。このプロセスは外部委託が困難なプロセスであり、同時に大学の未来を決めるために大学の中で行われるべきことであると言えます。

　そもそもビジネスの世界で生まれ、高等教育界にも流入しつつある「ダッシュボード」の発想を大学で意味あるものにするには、とりもなおさずこの3つのプロセス、すなわち「データに何を語らせるかの吟味」、「データが何を語っているかの解釈」、「データが語るストーリーへの対応」を、大学が置かれた文脈に沿って学内で行うことが求められます。そこには知識と知恵が必要ですし、この3つのプロセスのうちとりわけ「データに何を語らせるかの吟味」と、「データが何を語っているかの解釈」を自ら実行し、さらに「データが語るストーリーへの対応」を支援することこそがIRの出番だと言うことができます。本書の目的は、そのIRに求められる機能がどのようなものか、その正体を見きわめることでもあります。

2　環境スキャンと高等教育政策の動向分析

　ここでは、IRのツールとして、よく用いられる**環境スキャン**と**高等教育政策の動向分析**を取り上げます。

　環境スキャンは、大学の内外の環境をスキャン（大きく見渡し検証）することによって、学内外の現状を把握するとともに、**合意形成と意思決定**さら

に将来予測の基礎となるIRのツールで、IRにとって最も基本的な方法です。

環境スキャンの中でも、**高等教育政策の動向を分析**することは、大学を取り巻く環境がどのように変化しているか、さらにどのような方向に向かっているかを分析し、自大学の立ち位置を明らかにし、**大学の意思決定支援**と**戦略計画の策定に寄与する**という点できわめて重要なIRのツールです。

▶環境スキャン

環境スキャンは大学を取り巻く、次の4つの変化を把握するものです。①長期的国際的あるいは国内変化、②短期的イベント、③出現しつつある変化、④ワイルドカード（起きる確率は低いが、起きると大きな影響がある）[6]。これらは、時間（長期か短期か）、空間（国際的、全国的、地方的）あるいは、その重要性に分けて変化を探るものです。このように環境スキャンは、現状を把握するとともに、変化を見きわめ、将来予測の基礎となる、IRにとって最も基本的な方法です。

さらに、環境スキャンの具体的な手法として、**PESTEL分析**やポーターの**5つの力**（Five Forces）**分析**や、**SWOT分析**や**TOWS分析**などの経営学のツールが用いられます。

PESTEL分析とは、環境スキャンに際して、次の6つの要因を常にチェックするものです。すなわち、政治的（political）、経済的（economical）、社会的（social）、技術的（technical）、環境的（environmental）、そして法的（legal）要因です。この6つの要因はそれぞれの頭文字をとってPESTELと呼ばれます。そして、それぞれの要因について、大学への影響、潜在的インパクト、タイムスパン、影響のタイプ（プラスかマイナスか中立か）、影響の大きさ（拡大、縮小、不変）、重要性をそれぞれチェックすることが重要です。

また、**ポーターの5つの力**とは、市場における競争戦略を検討する際の重要な要因である、①競合相手、②新規参入の脅威、③代替品・サービスの脅威、④売り手の支配力、⑤買い手の交渉力を指します。大学について言えば、ライバル校を念頭に、学生の進学動向などの学生の市場や、就職状況な

---

(6) Lapin（2004）．

ど学卒者の労働市場を分析することが重要です。

IRの重要な役割は、大学の強みと弱みを明らかにし、**意思決定を支援**することですが、これらの環境スキャンのツールの中でもSWOT（Strengths, Weaknesses, Opportunities and Threats）**分析**は、第5章第3節で説明するベンチマーキングとともに、強みと弱みを明らかにする重要な手法です。SWOT分析については次節で詳しく説明します。

また、SWOT分析を逆にしたTOWS（Turning Opportunities and Weaknesses into Strengths）**分析**は、「意思決定者に次のステップに行くことを促す、可能な戦略的な選択肢の選択に関する対話」であると言われ、実際に戦略計画を策定する際には有用な手法です。弱みと脅威に対する対応を考えることが経営の最大の課題となりますが、**TOWS分析**などのツールによってIRはその基礎となる有益な分析を提供することができるのです[7][8]。こうしてデータを分析し有用な情報を得たら、それをさらに縮約してダッシュボードなどでわかりやすく提示することも重要です。

▶IRとしての政策分析の重要性

環境スキャンの中でもとりわけ高等教育政策と大学改革の動向分析は、外的環境の変化を確認し、高等教育が全体としてどのような方向に向かっていくか、どのような改革が求められているかなど、高等教育改革の動向を明らかにし、自大学の位置と方向性を検討することによって、**戦略計画**に寄与するために重要です。日本では主に文部科学省の政策が中心となりますが、それ以外に内閣府や経済産業省や厚生労働省など、それぞれの大学の特性に応じた政策をフォローすることも重要です。具体的な例として、本書では、第

---

(7) McLaughlin and McLaughlin（2007）; Lyddon, McComb and Mizac（2012）.
(8) これらについては、本章第3節「SWOT分析」（◯62頁）と第5章第3節「IRと大学ベンチマーキング」（◯95頁）で紹介します。

8章第3節「大学情報公開と大学ポートレート」（⇒143頁）を挙げています。

　それでは、そもそも大学のIRについては、日本では、どのような政策がとられてきたのでしょうか。これを例に高等教育政策の動向を分析することの意義を説明します[9]。

　大学のIRが日本の高等教育政策の中で初めて明示的に取り上げられたのは、2008年の中央教育審議会答申「学士課程教育の構築に向けて」であると思われます。その中に次のような記述があります。

> 　（アメリカの大学）内には、評価データを科学的に処理するインスティテューショナル・リサーチャー（IR）の職員や部署（大学調査センター（Office of Institutional Studies））が置かれ、IRの学会も活動している。

　これに対応して、新たに求められる大学職員として「大学の諸活動に関するデータを収集・分析し、経営を支援する職員」が挙げられ、IR担当者が想定されたと言えます。こうしたIRの提唱はただちに政策として取り上げられ、2010年の「大学教育・学生支援推進事業　大学教育推進プログラム」では、3大学がIRの取り組みによって事業費を得ています。

　さらに、2012年の中央教育審議会大学分科会大学教育部会の参考資料として、IRの取り組み事例「相互評価に基づく学士課程教育質保証システムの創出――国公私立4大学IRネットワーク」の例が取り上げられています[10]。また、同じく2012年の平成24年行政事業レビューシート（文部科学省）の事業概要では「全学的な教学管理体制の整備（IR、ティーチングポートフォリオ等）」が挙げられています。

　こうして2008年度以降、高等教育政策の中でIRが取り上げられ、文部科学省の推進事業となっていったことがわかります。さらに、2014年になると、IRは大学改革の中でより重要な施策として位置づけられてきます。すなわち、2014年中教審「大学のガバナンス改革の推進について」（審議まとめ）では、以下のように、学長のリーダーシップとの関連でIRが重要なツー

---

(9)　詳しくは、*Column 4*「IRに関する高等教育政策」（⇒70頁）を参照してください。
(10)　このネットワークについては、第9章第1節「大学IRコンソーシアム」（⇒153頁）を参照してください。

ルとして取り上げられています。

　学長は、大学の将来ビジョンを明確にしながら、ビジョンを実現していくための強い意思とぶれない改革方針を持ち、同時に、IR等を通じた客観的・合理的なデータに基づく説明を通じて、直接関係する教員や学生等をはじめ、学内外の理解を得て、最終的には学長が責任を持って、大学の経営方針を踏まえた改革を推進していくべきである。

　このように2014年になるとIRの重要性が高等教育政策の中に明確に位置づけられ、私学助成にも及んできます。すなわち、日本私立学校共済／振興事業団による私学助成について、2014年度より、IR組織の設置、実施が評価の対象とされるようになりました。

　国立大学についても、「第3期中期計画にかかる運営費交付金の在り方について」（2015年6月）で「学長の裁量経費」の配分基準としてIR活動が取り上げられています。

　このように、IRは次第に高等教育政策の中で重要な位置づけを得、推進事業なども行われ、さらには私学助成などにも関連するまでになっています。こうしたIRに関する高等教育政策の動向を把握することは、IRを実施するために不可欠な作業であることは明らかでしょう。これはほんの一例にすぎません。

▶日本の高等教育政策の分析のための資料

　高等教育政策とりわけ大学改革動向を分析するためには、様々な資料が利用可能です。特に、現在では、文部科学省などの審議の経過は、ほとんど文部科学省などのホームページから入手することができます。インターネットの普及に伴い、ほとんどの資料が入手可能になったと言ってもいいほどです。

　ただし、これらは膨大な量にのぼりますので、「木を見て森を見ない」ことになりかねません。膨大なデータから有用な情報を取り出し、さらにそれらを分析し、縮約するのはIRの重要な役割です。原資料にあたることは重要ですが、実際には多くのIR担当者の時間や労力を考えると困難でしょう。検索エンジンを用いて必要な資料を探すのは、必須の作業と言えますが、

表4-2 資料一覧

タイトル	発行元	備考
IDE　現代の高等教育	IDE 大学協会	年10回発行
カレッジマネジメント	リクルート	隔月発行、Webでダウンロード可能
Between	進研アド	隔月発行、Webでダウンロード可能
ニューズウィーク日本語版	CCC メディアハウス	週刊
諸外国の教育動向	文部科学省	年刊
海外高等教育情報および学術情報	日本学術振興会	Web サイト
Times Higher Education	The Times（イギリス）	新聞および Web サイト
Chronicle of Higher Education	The Chronicle（アメリカ）	新聞および Web サイト

ヒットする膨大な数の中から有用な情報を見いだすには経験とスキルが必要です。

こうした場合に有用なのは、高等教育政策や改革動向をコンパクトに解説している雑誌や新聞などです。これらも多くが出回っていますが、IR に関連して押さえておきたい例として、『IDE　現代の高等教育』『カレッジマネジメント』『Between』『ニューズウィーク日本語版』の4つを挙げておきます（表4-2）。

また、読売・朝日・毎日・日経などの全国紙にも高等教育政策や改革動向がしばしば報道されています。全国紙だけでなく、大学の所在する地域の地方紙も、有用な情報源です。さらに、高等教育の専門誌として、『教育学術新聞』（日本私立大学協会）なども有用です。これらについても、それぞれの記事のデータベースや教育のニュースだけを掲載した、「週刊教育 PRO」や「切り抜き速報教育版」などのサービスもあります。

より専門的になりますが、学会でも高等教育政策や大学改革について、多くの調査研究がなされています。とりわけ、日本高等教育学会、大学教育学会、日本教育社会学会などでは、こうしたテーマが学会誌や学会発表で多く掲載されています。日本高等教育学会の紀要第19条（2016）は IR を特集し

ています。

　また、各大学の刊行物、とりわけ広島大学高等教育研究開発センターや東京大学大学総合教育研究センターなどの大学教育センターからも大学改革について多くの刊行物が出版されています。これらの多くも現在では各Webサイトから入手できます[11]。

　その他、多くの出版社から、高等教育に関する多くの文献が出版されています。これらの中から有益な情報を得ることができます。

　また、大学と政府の間に立つ中間組織の情報もきわめて有用です。特に、大学改革に関連して、大学評価機関（大学評価・学位授与機構、大学基準協会、短期大学基準協会など）や日本学生支援機構あるいは大学入試センターなどの刊行物は有意義です。

　このように、高等教育政策や大学改革の動向についても多くの資料が入手可能ですが、それらを取捨選択し、効果的に利用することが、IRとして重要です。本書では、その一助としてIRに関する入手しやすい資料のリストを巻末に参考文献として掲載していますので、これを参考に、資料のあたりをつけていただければと思います。

▶海外の高等教育政策の分析

　海外の高等教育政策や高等教育の動向を分析することもIRの政策分析の重要な役割です。英語やその他の外国語の資料を分析することができれば、それにこしたことはありませんが、日本語の資料でも外国の動向をかなり詳細に知ることができます。ここでは、海外の高等教育改革動向を分析するための日本語の資料として、先の『IDE　現代の高等教育』『カレッジマネジメント』『BETWEEN』『ニューズウィーク日本語版』の4つに加え、文部科学省の『諸外国の教育動向』および、日本学術振興会Webサイト上にある「海外高等教育情報および学術情報」を挙げておきます。

　また、イギリスとアメリカの高等教育に関しては次の2つの新聞、*Times*

---

[11]　たとえば、東京大学大学総合教育研究センターのWebサイトからは、IRに関する報告書をダウンロードすることができます。

Higher Education と *Chronicle of Higher Education* が代表的なものです。

▶大学の位置づけと向かうべき方向

こうした様々な資料によって、内外の高等教育政策や動向を分析し、高等教育がどのように動いているのかを知ることは大学にとってきわめて重要で、それらを分析し、執行部にわかりやすく簡潔に情報提供することは、IRの果たすべき

役割の1つです。この役割を担うのは、第3章第1節「IRの組織と担当者」で紹介したP・T・テレンジーニの状況的情報力すなわち、高等教育全体の文化や特定の高等教育機関の文化を理解するスキルを持ち、歴史・政治・ガバナンス・慣習・キープレイヤー・価値観などを深く理解し、学内だけでなく広い視野から大学全体を位置づけ、長期的に見渡すスキルを身につけた人材であることが求められます。このためには、高等教育や政策分析の専門家であることが望ましいのは言うまでもありませんが、これまで説明したような環境スキャンを行い、資料を読みこなすことでも、このスキルの向上は期待できます。

3 SWOT分析

▶SWOT分析とは

大学というものはすべて、具体的な存在です。大学の目的や建学の精神が、時代の変化に耐えるためにある程度の抽象性を帯びなければならないこととは対照的に、日々学生が学び、研究が行われ、建物が建ち、学内そして学外の人々の接触が起きる大学は、具体的な機能を果たすための具体的な存在を伴うものです。そして、具体的な存在には、たとえそれが通信制の大学であったとしても、必ずそれ固有の環境というものがあります。それは自然環境であり、地理的な環境であり、人的、社会的、政治的、経済的な環境でも

第4章　大学を見る

表4-3　SWOT分析の視点

	内部環境	強み（Strength）
S		
W		弱み（Weakness）
O	外部環境	機会（Opportunity）
T		脅威（Threat）

あります。

　大学の日々の運営を行い、将来の計画を立てるためには、いくつもの方法がありえます。ここでは、大学を取り巻く環境を読み取り、その環境の中から大学の「Strength：強み」、「Weakness：弱み」、「Opportunity：機会」、「Threat：脅威」を明らかにするSWOT分析の手法を紹介します。

　SWOT分析の視点は、表4-3に示しました。内部環境における強みと弱み、外部環境における機会と脅威を客観的に明らかにして、将来計画に役立てようというのがSWOT分析です。

　SWOT分析は、営利企業の将来にわたる**戦略計画**の立案のための手法としてまず産業界での活用を念頭に開発され、その後教育機関を含む多様な組織に拡大しています(12)。この分析の前提としては、組織の内部環境と外部環境を評価し、その中でいかに自らの組織の強みを生かし、弱みを強みに変え、組織を取り巻く順境をどう生かし、逆境にどう対応するかを明らかにしようという発想が採られています。この内部環境と外部環境の評価を**環境スキャン**と呼びます。そこで用いられうるのがSWOT分析です。

　そもそも、**戦略計画**という考え方がアメリカの高等教育に取り入れられ始めたのは、1950年代、ベトナム戦争の帰還兵を大学に受け入れるための支援政策が整い、大学が拡大期を迎えていた頃だったとされています。そのような趨勢の中、1965年には高等教育の**戦略計画**に関するアメリカの職業団体である大学計画学会（Society for College and University Planning）も発足しています。その後、産業界での戦略分析のために考案されたSWOT分析の手法がアメリカの高等教育界に拡大したのは1970-80年代のことだったと言

---

(12)　第10章第1節「戦略計画とIR」（●167頁）を参照してください。

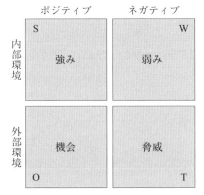

図4-8　SWOT分析の基本的な枠組み

われています。これは、その後何度も発現する、アメリカの高等教育への産業界のマネジメント手法の採用のブームの1つ（Birnbaum 2000）と呼べるもので、現在もアメリカあるいはイギリスなどの国々で、高等教育機関のマネジメントを語る際にしばしば言及されています。

このSWOT分析の特徴は、環境スキャンの結果を単純に図式化するところにあります。図4-8には、SWOT分析の基本的な枠組みを示しました。

▶ SWOT分析と戦略計画

もちろん、SWOT分析は環境評価の視点ですから、それだけで**戦略計画**を提示するものではありません。さらには図4-9に例を示したように、1つの大学の内部で同じ特徴が強みにもなれば弱みにもなることがありますし、また、ある部署の強みが別の部署の弱みを前提にするということもありえます。SWOT分析が環境評価の視点であるというのはこういうことで、分析を**戦略計画**につなげるには、大学にとって何が最も重要かという、別の包括的な視点が必要でしょう。

このように、SWOT分析を行うだけでは**戦略計画**は発生しません。しかし、大学の**戦略計画**を、内部と外部の環境の分析に基づいて行うという手法には合理性が見いだせます。図4-10には、G・ケラー（Keller 1983）が提唱した、（企業のためではなく）大学のための、**戦略計画**の諸要素を図示しまし

第4章 大学を見る

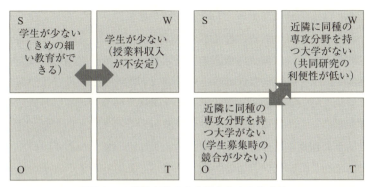

同じ1つの特性が強みとも弱みともなりうる。

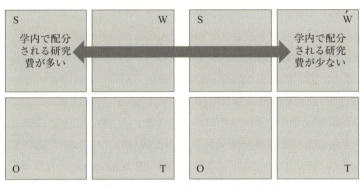

1つの部署の強みが別の部署の弱みともなりうる。

図4-9 SWOT分析の多様な側面

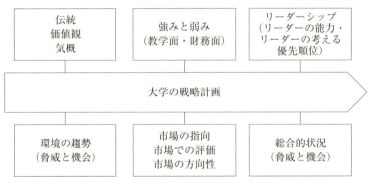

図4-10 大学の戦略計画の諸要素

出所：Keller（1983）p.152 より。

た。ここには大学の内部環境として、伝統や価値観、教学面および財務面の強みと弱みおよび外部環境の趨勢、リーダーシップのあり方の3要素が挙げられており、また外部環境に根ざす脅威と機会、市場の動向の2要素が示されています。そして最後に、状況を総合的に考慮するという要素が挙げられています。これら諸要素を考慮して、自大学は「いまどこにいるのか」、「どうなりたいのか」、「どうすればそうなれるのか」、「なりたい大学に近づけているかは誰が判断するのか」、「なりたい大学に近づけているかを何をもって判断するのか」が、大学の**戦略計画**を立て、それを遂行するうえで重要な問いであるという指摘もあります。その際に重要なのが、部局単位および全学規模で、自らの強みと弱みを、定期的にチェックすることであるということと、そのプロセス全体の成功のいかんは大学のリーダーシップに左右されるということも同時に指摘されています（Warner and Palfeyman 1996）。

▶キニピアック大学のケース

このように、戦略計画に役立つとされているSWOT分析ですが、ではSWOT分析に基づく**戦略計画**で、大学の改善はほんとうに実現できるのでしょうか。

ここに1つの例があります。キニピアック大学（Quinnipiac University）は、アメリカのコネチカット州にある、学士課程学生数6,000人強の非宗教系の私立大学です。近年、大統領選挙の時期になるとキニピアック大学世論調査研究所（Quinnipiac University Polling Institute）の活動がマスコミでもとり上げられることが増えていますから、この大学の名前に見覚えのある読者もいらっしゃるかもしれません。このキニピアック大学で1987年から2018年まで学長の職にあったレイヒーが、SWOT分析を用いた大学の**戦略計画**の成功譚を記しています。

1980年代の前半、キニピアック大学はピンチの時代を迎えていました。「アメリカの大学進学者数も進学率も上昇する中、（本学の）学生数は25％の減少を見ていた」、「赤字には転落していなかったが成長計画はなく、つまり明確な方向性や戦略が打ち出されていなかった」と学長は記します。1987年に着任した学長は、SWOT分析に基づく**戦略計画**に着手します。そして、

キニピアック大学の自身の強みと弱み、およびその競争力に影響すると思われる学内と学外の主要な要素を200人余りの関係者（教員、職員、学生、卒業生、評議員）を対象に調査します。学長着任の年に実施されたこの調査は、以降5年ごとに繰り返され、改革のための基本情報とされています。これら基本情報に基づいてキニピアック大学で実際に起きた改革は、たとえば、「すでに大学の使命に適応しなくなっていた準学士課程を廃止した」、「研究志向の博士課程を置かないことを決めた」、「近隣大学が廃止しようとしていたロースクールを新設した」、「修士課程に職業志向の専攻を16分野新設した」などです。その結果、現学長着任から15年間で学士課程学生数は2,000人から6,600人に、また初年次入学希望者は1,000人から8,000人に増加し、経常予算は2,200万ドルから1億5,500万ドルに増大。校地も50万平米弱だったものが160万平米に拡大され（Lahey 2003）、さらには2008年には、この学長が、全米の私立大学の学長の給与ランキングの10位以内にランクされるに至っています（Fuller 2010）。

これは実に驚嘆すべき成功物語であり、かつそのキニピアック大学の改革においてはたしかにSWOT分析が成功裏に使われたことがわかります。しかし、この大学の中でSWOT分析に基づいて実施された多種多様な改革を見ると、このケースは「SWOT分析が成功に至った実例」というよりはむしろ「成功した改革がSWOT分析を用いていた実例」であると言うべきかもしれません。ただし、2000年代のキニピアック大学で実際に200人の自大学の関係者を対象としたSWOT分析の枠組みに基づく調査が行われ、その後も**戦略計画**の重要な基本情報の提供源として機能していることは決して軽視できません。それと同時に、ピンチの時代に着任した学長のリーダーシップがいかんなく発揮された結果、戦略計画が立てられ改革が進められていることも事実です。注目すべきはその2つのことであると言えるでしょう。

▶日本の大学への応用

では、日本の大学で実際にSWOT分析を行うとき、自大学の置かれている環境をどのような視点でスキャンすることが求められるのでしょうか。表4-4と表4-5には、それぞれ、大学の内部環境を見るときと外部環境を見

るときに採用しうる視点の実例をいくつか挙げました。これらはもちろん例であって、個別大学の文脈に沿って取捨選択、あるいは追加される必要があります。

　また、SWOT分析は、新たな**戦略計画**を立てるときのみに用いられうるかというと、実はそうでもないと考えられます。すでに**戦略計画**が実施されているときでも、SWOT分析を行ってその戦略を見直すことには有効性が指摘されます。実際にキニピアック大学でも、5年に一度SWOT分析を繰り返しているとされています。

　そのようなことを考えながら、表4-4と表4-5の内容をよく見ると、特に表4-4に示した内部**環境スキャン**の視点が、学内でのデータの収集と整理を求めるものであり、中でも、「教学」と「財務」の項目が大いにデータに依拠する項目であることがわかります。この、学内でのデータの収集と整理を行うことが、IRの機能にほかなりません。大学によっては教学情報と財務情報はアクセス権が厳格に分けられている場合も多くあるでしょう。それらを統合するか否かは各大学の方針によるものですからここでは取り上げません。問題は、大学の内部環境をスキャンするときに参照すべきデータは存在するか、存在するなら所在が明らかになっているか、そのデータは信頼できる閾値にまで整理されているか、存在しないのならデータ収集のためにはどのような方法を採るべきか、というようなことで、ここに、IRの出番があります。

　また、日本の高等教育の文脈においては、外部環境のスキャンにあたって、「政治・法制」の項目の中に挙げた**高等教育政策の動向分析**が重要度を帯びるほか[13]、近隣の大学を含む他の高等教育機関との**ベンチマーキング**も望まれます[14]。ここにもまた、IRの出番があると言えるでしょう。

---

(13) 本章第2節「環境スキャンと高等教育政策の動向分析」（⊃55頁）を参照してください。
(14) 第5章第3節「IRと大学ベンチマーキング」（⊃95頁）を参照してください。

表4-4 大学の内部環境スキャンの視点の例

伝統	教学	財務	リーダーシップ
・建学の精神 ・大学の使命 ・歴史 ・権威 ・同窓会活動	・AP、CP、DP* ・学生数とその分布 ・教員数とその分布 ・学生選抜性 ・学生生活実態 ・学生満足度 ・卒業生満足度 ・研究生産性 ・産学連携 ・大学スポーツ ・就職	・学納金収入 ・経常予算 ・資本予算・寄付行為 ・校地校舎 ・貸借 ・奨学基金 ・寄付 ・外部資金による研究費 ・産学連携	・学長リーダーシップ ・幹部意向 ・職員数とその専門性 ・系列・併設関係 ・政策・行政

注：*AP：アドミッション・ポリシー、CP：カリキュラム・ポリシー、DP：ディプロマ・ポリシー。

表4-5 大学の外部環境スキャンの視点の例

経済	科学技術	政治・法制	社会文化
・金利 ・賃金物価統制 ・消費意欲トレンド ・可処分所得 ・所得格差 ・奨学金返還状況 ・人材ニーズ ・新規市場 ・人件費	・電子化技術／コスト ・通信技術 ・MOOCs* ・交通網 ・科学技術政策 ・政府の科学技術予算 ・企業の技術開発予算 ・技術開発トレンド	・高等教育政策 ・教育政策 ・税制 ・特許・知財制度 ・男女共同参画政策 ・科学技術政策 ・外交政策	・生活スタイル ・価値観 ・所得格差 ・労働力流動性 ・少子高齢化 ・人口流動性 ・都市化／人口分布 ・現職教育の需要 ・生涯学習機会の需要 ・説明責任要求 ・産業構造の変化 ・近隣大学の実態 ・近隣専門学校の実態

注1：*MOOCs（Massive Open Online Courses）とは、インターネット上に公開されている大学の授業のことで、原則として誰でも視聴して学ぶことができる。MOOCsの中には一定条件のもとで単位が得られるものもある。
　2：環境の分析枠組みはWheelen and Hunger（2012）, p.101による。

> Column 4

IRに関する高等教育政策

　そもそも日本では、大学のIRについて、どのような政策が採られてきたのでしょうか。その過程を示して高等教育政策の動向を分析することの意義を説明したいと思います。

　大学のIRが日本の高等教育政策の中で初めて明示的に取り上げられたのは、2008年の中教審「学士課程教育の構築に向けて」であると思われます。その参考資料9「アメリカにおける多様な学習アセスメント」には、次のような記述があります。

> アメリカで普及し、今後更に強化されようとしているアセスメントについては、その実施を支えている人材の在りようにも留意する必要がある。専門の教育心理学者などアセスメントの開発を担う人材が多数存する他、学内には、評価データを科学的に処理するインスティテューショナル・リサーチャー（IR）の職員や部署（大学調査センター（Office of Institutional Studies））が置かれ、IRの学会も活動している。

　また、参考資料10「『教育亡国』回避のための投資の断行を」の「Ⅰ　アメリカとの大きな格差　1　主な指標に見る格差」の注3は次のように説明しています。

> 米国の大学では、例えば、ファカルティ・デベロッパー、インスティテューショナル・リサーチャー等の専門的スタッフが多数存し、それらのネットワーク体制が発達している。職員には、修士号・博士号所持者も多い。

　これに対応して、答申では、新たに求められる大学職員として「大学の諸活動に関するデータを収集・分析し、経営を支援する職員」が挙げられ、IR担当者が想定されたと言えます。こうしたIRの提唱はただちに政策として取り上げられ、2010年の「大学教育・学生支援推進事業　大学教育推進プログラム」では、次の3大学がIRの取り組みによって事業費を得ています。

芝浦工業大学　PDCA化とIR体制による教育の質保証
金沢工業大学　学生の成長支援型IRシステムの構築
日本福祉大学　教育の質保証に資する福祉大学型IRの構築

　さらに、2012年の中央教育審議会大学分科会大学教育部会（第15回、平成24年5月21日）の参考資料として、IRの取り組み事例「相互評価に基づく学士課程教育質保証システムの創出——国公私立4大学IRネットワーク」の例が取り上げられています（このネットワークについては、第9章第1節「大学IRコン

ソーシアム」(→153頁)を参照してください)。
　また、同じく2012年の平成24年行政事業レビューシート(文部科学省)の事業概要では次のような記述が見られます。

> 全学的な教学管理体制の整備(IR、ティーチングポートフォリオ等)

　こうして2008年度以降、高等教育政策の中でIRが取り上げられ、文部科学省の推進事業となっていったことがわかります。さらに、2014年になると、IRは大学改革の中でより重要な施策として位置づけられてきます。
　2014年中教審「大学のガバナンス改革の推進について」(審議まとめ)では、以下のように学長のリーダーシップとの関連でIRが重要なツールとして取り上げられています。

> 　また、学長がリーダーシップを発揮していくためには、大学執行部が、各学部・学科の教育研究の状況を的確に把握した上で、必要な支援を行ったり、あるいは、大学執行部自らが、全学的な具体的方針を打ち出したりしていくことが前提となる。そのためには、例えば、前者の例として、リサーチ・アドミニストレーター(URA)やインスティトゥーショナル・リサーチャー(IRer)、産学官連携コーディネーター等を、後者の例として、アドミッション・オフィサーやカリキュラム・コーディネーター等の人材を、大学本部が配置することが考えられる。
>
> (IRの充実)
> 　適切なガバナンスを働かせるためには、まず何よりも、学長が各学部の事情を十分に把握した上で、改革方針を策定していくことが必要である。学長を補佐する教職員が、大学自らの置かれている客観的な状況について調査研究するIR(インスティトゥーショナル・リサーチ)を行い、学内情報の集約と分析結果に基づき、学長の時宜に応じた適切な判断を補佐することが重要である。
> 　学長は、大学の将来ビジョンを明確にしながら、ビジョンを実現していくための強い意思とぶれない改革方針を持ち、同時に、IR等を通じた客観的・合理的なデータに基づく説明を通じて、直接関係する教員や学生等をはじめ、学内外の理解を得て、最終的には学長が責任を持って、大学の経営方針を踏まえた改革を推進していくべきである。
> 　また、私立大学についても、教育の質的転換、グローバル化などの改革に全学的・組織的に取り組む大学を支援するため、経常費・設備費・施設費を一体として重点的な支援を行っている。選定に際しては、例えば、学長等を中心とした全学的な教学マネジメント体制の構築や教学面でのIR担当部署の設置を評価要素とするなど、大学としての機能強化のみならず、全学的なガバナンス改革も促進する事業となっており、今後とも、こうしたメリハリある支援を充実させていくことが求められる。

学長のリーダーシップの確立	
大学で行うべきガバナンス改革	国が行うべき改革への支援
【補佐体制】 ・総括副学長等の設置 ・高度専門職の採用、育成 ・事務職員の高度化、教職協働、SD・IR の充実 ・全学的な会議体の活用	・IR や入試、教務、学生支援、人事や財務、広報等各分野に精通した「高度専門職」の設置 ・恒常的な大学事務職員のスキル向上のための SD の義務化等について

　このように 2014 年になると IR の重要性が高等教育政策の中に明確に位置づけられ、私学助成にも及んできます。すなわち、日本私立学校共済・振興事業団による私学助成について、2014 年度より、IR 組織の設置、実施を評価の対象とされるようになりました。具体的には、補助金の配分基準等の配分基準別記（特別補助）として、未来経営戦略推進経費が挙げられ、以下のように IR が対象とされています。

1　教学改革推進のためのシステム構築・職員育成
〔対象〕　大学自らの置かれている客観的な状況について調査研究する IR（インスティトゥーショナル・リサーチ）を行い、学内の教育、研究に関する情報の集約と分析結果に基づき、学長等による教学改革の方針の適切な判断を補佐するために有用な情報を提供できる体制を整備する大学等で、次の 1 から 5 のすべてに該当する大学等（以下略）。

　国立大学についても、第 3 期中期計画にかかる運営費交付金検討会議で「学長の裁量経費」の配分基準として IR が挙げられています（2015 年 6 月）。
　こうした IR に関する高等教育政策の動向を把握することは、IR を実施するために不可欠な作業であることは明らかでしょう。これはほんの一例にすぎません。

第5章
大学を調べる
——IRの主なツール（2）

　本章では、**調査統計**とそれと密接に関連する**ベンチマーキング**という手法を紹介します。IRにとって、**調査統計**は不可欠なものですが、必ずしも高度な**調査**や**統計**の**技法**が必要とされるわけではありません。第4章で明らかにした自大学の状況をさらに具体的に明らかにするツールだと言えます。特に**ベンチマーキング**は、対象となる大学（ピア校）と比較して、自大学の強みと弱みを明らかにできる強力なツールです。本章では、これらについて、**学生調査**を例として、具体的に説明します。

1　調査と統計の技法

(1) IRにおける調査と統計の意義

　学外の各種統計や調査データ、学内の**学生調査**や既存データ（学生の履修状況、学習成果、教員の授業負担、財務状況など）を収集整理し、統計的分析を行うことは、IR活動の中でもとりわけ重視され、狭義のIRの中心となる活動です。そのため、その出来不出来がIR活動の成果に大きく影響するという点でも最も基本的で重要なものです。

　典型的なデータ収集・調査分析活動のプロセスは、以下のように4つのフェーズから成ります[1]。

　① 大学の成果についてのデータ（資料）を収集
　② 大学の環境についてのデータ（資料）を収集

---

(1)　Muffo and McLaughlin eds. (1987).

③ 収集したデータ（資料）の分析と解釈
④ データ（資料）の分析とその解釈を、大学の計画策定、政策策定と意思決定を支援するような情報に変換

　ここでは、データを扱う際の一般的な注意点を挙げます。まず、第一に言えることは、誰にでもすぐに役立つデータやデータベースは存在しないということです。IR では、誰もが使う可能性のある汎用性のあるデータを収集し、それをデータベースにしていきます。しかし、誰でも使えるデータベースというのは、実は誰にも使えないデータベースになる恐れがあります。つまり、データというものは、目的に応じて収集と整理することがきわめて重要なのです。利用目的と分析方法に応じたデータの収集と整理をしない限り、データは数字や文字の羅列になってしまい、使えないことが多いのです。
　したがって IR では、まず、目的を明確にして、データを収集、とりわけ既存データの収集、活用を図ることが重要です。データの整理やデータベースはそれに応じて定まるものと言えます。
　IR 活動に必要なデータは、必ず存在しているわけではありません。また、その所在がわからなくても学内外のどこかに存在している場合もあります。そのため、まずどのようなデータがあるかを洗い出すことが重要な活動となります。また、所在が確認されてもそのデータが IR 活動に必要な定義やフォーマット（形式）で蓄積されているとは限りません。むしろ、IR にそのまま用いられるようなデータの方がまれだと言えます。また、大学の場合には、これらは各学部や部署などに分散している場合が多く、さらにそのデータの定義やフォーマットがまちまちであるという場合もしばしば見られます。これらのデータを収集整理し、クリーニングを行い[2]、共通の定義とフォーマットで蓄積することが、データ収集整理の第一歩です[3]。この際セキュリティやプライバシーに十分配慮することも重要です。

---

(2) クリーニングについては第 4 章第 1 節「大学のダッシュボードをつくる」（⬇45 頁）を参照してください。
(3) 詳しくは第 4 章第 1 節「大学のダッシュボードをつくる」（⬇45 頁）と第 6 章「大学のデータを集める」（⬇105 頁）を参照してください。

さらにこうして収集整理されたデータを分析し、**意思決定**のために有効な情報にして、関係者に提供することが次の重要なステップです。生のデータ（ローデータ）は、そのままでは、**意思決定**にはほとんど使えないからです。このためには、統計や調査法のスキルが重要な役割を果たします。

具体的な例として第1章第2節でふれた中退の要因分析を挙げます。まず中退者あるいは中退しそうな者が特定されなければなりません。しかし、そうした学生の個人情報そのものが必要なわけではなく、中退に関連すると思われる要因、たとえば、性別、履修状況、出席などの情報、学生生活、家族情報などのデータを収集します。そのうえで、中退とこれらの要因の関連を分析することになりますが、基礎となる中退率は明確な定義が必要です。分母になるのは何か（全学生数か、学年別学生数か、科目等履修生などを含んでいないかなど）を明確にしなければなりません。これらは分析の目的によって定義する必要があります[4]。

こうして収集整理したデータをどのようにストックするかも重要な問題です。データの収集とデータベース化は、IRの重要な活動の1つですが、後者は、大学のデータを外部データとリンクさせることによって、大学のデータの価値を高めることが重要です。多くの調査が簡単な集計のみで、ピア校（比較対象校）との比較（ベンチマーキング）や多変量解析などの統計分析まで行われずに埋もれたままになっていることが多いようです。IRの意義は、これらのデータを分析し活用することにあります[5]。

なお、履修科目や成績など毎年決まったデータを収集するルーチンワークは、一定の構造化されたデータの収集と整理が可能です。こうした構造化されたデータとデータをつなぐのがリレーショナル・データベース（RDB）です。しかし、これについてもデータがきちんと構造化された後の段階で必要になります[6]。

---

(4) さらに分析例は本節3項「調査と統計分析の例——中退のケース」（◎79頁）と第7章「エンロールメント・マネジメント」（◎115頁）で紹介します。
(5) 詳しくは第5章第3節「IRと大学ベンチマーキング」（◎95頁）と第6章「大学のデータを集める」（◎105頁）を参照してください。
(6) 詳しくは第6章「大学のデータを集める」（◎105頁）を参照してください。

こうした IR の活動はデータの収集のため、学内の様々な部署との協力が不可欠で、その活動自体が、PDCA サイクルをまわし、IR を学内に普及させ、さらに分析結果を共有することにより内部質保証と質の向上につなげていくことができます。これは IR 活動の最も重要なプロセスと言えます[7]。

調査と統計は、IR にとって最も基本的でよく用いられるツールです。調査法や統計学については、初歩から応用まで様々なレベルの教科書が作られています。そのため、ここでは IR のツール（道具）という観点から、調査と統計のエッセンスを説明するにとどめます。

調査や統計はあくまでツールであり、調査や統計を用いるための目的があります。とりわけ、IR の場合には、大学の課題を明確にし、それに応じた調査や統計を用いることが何より重要です。

とはいえ、必ずしも大学の課題が明確になっていない場合、どのように課題の発見に取り組んでいったらいいのでしょうか。本書では、そのような場合の手法として、環境スキャンや SWOT 分析などを紹介しました[8]。調査や統計のツールについてもそのような課題発見型のものもあるので、ここでも、それらについては後ほど簡単に紹介します。

(2) 調査の方法

▶ 記述＝実態把握と要因分析

大学では、アンケート調査がしばしば実施されます。アメリカでは、インディアナ大学の「全米学生活動調査（National Survey of Student Engagement: NSSE）」[9] や、カリフォルニア大学ロサンゼルス校（UCLA）の「新入生調査や在学生調査（College Senior Survey: CSS）」[10] などは、ピア校（ベンチマー

---

[7] 第 8 章第 1 節「教育の質保証とアセスメント」（◯131 頁）を参照してください。
[8] 第 4 章第 2 節「環境スキャンと高等教育政策の動向分析」（◯55 頁）、第 4 章第 3 節「SWOT 分析」（◯62 頁）を参照してください。
[9] NSSE については次節「IR と学生調査」（◯84 頁）を参照してください。NSSE は中国の一部の大学などでも導入されています。
[10] CSS は、カリフォルニア大学ロサンゼルス校の HERI（Higher Education Research Institute）が実施している CIRP（Cooperative Institutional Research Program）による調査です。これらについては、さらに次節「IR と学生調査」（◯84 頁）を参照してください。

クする対象となる大学）と比較することが可能で、多くの大学で採用されています。日本でも、東京大学の「全国大学生調査」[11] や、日本学生支援機構・国立教育政策研究所「学生生活調査」、「日本版 CSS（JCSS）」[12] をはじめ、いくつもの調査が実施されているほか、**大学 IR コンソーシアム**が 41 校（2015 年 6 月現在）の参加を得て活動しています[13]。

▶質的調査

　調査には大きく分けて質的調査と量的調査があります。中退の例で言えば、統計やアンケートは量的調査、学生相談の記録やインタビューは質的調査にあたります。これらは一長一短があるので、目的に応じて使い分ける必要があります。なお、アンケートには量的調査のほかに、自由記述や自由回答など質的な調査も一部加えることができます。

　質的調査の代表例はケーススタディです。中退の例で言えば、中退した人の記録、個人史などを分析することにあたります。質的調査には、次のような特徴があります。まず、具体的な現実の記録などであるため、私たちの日常世界と近く、追体験が容易です。つまりきわめてリアルに把握することが可能です。また、具体的な事例は、様々な要因を含んだ文脈（コンテクスト）を持ち、その問題について、多元的・総合的な関係性の把握が可能になります。つまり、中退の要因について、具体的に説明することが可能になるという特徴があります。この点で、質的調査は、仮説検証型というより発見型と言うこともできます。仮説検証型というのは、「A は B である」という仮説をデータで実証する調査を指します。たとえば、「中退の要因の 1 つは長時間のアルバイトにある」などです。これに対して発見型とは、こうした仮説に基づかず、調査などで「中退の要因の 1 つは、アルバイト時間の長さではなく、アルバイトの労働環境の劣悪さであることを見いだした」などという

---

(11) 「全国大学生調査」は、東京大学　大学経営・政策研究センター（文部科学省学術創成科研　金子元久研究代表）による調査で、NSSE の一部が採用されています。
(12) 「日本版 CSS（JCSS）」は、同志社大学の山田礼子研究代表による学生調査です。
(13) このコンソーシアムについては、第 9 章第 1 節「大学 IR コンソーシアム」（⇨153 頁）で紹介します。

第Ⅱ部　大学とIRのツール

ものです。ここでは、わかりやすくするために、単純な例としましたが、これまでの通説と異なる要因を発見できれば、それは大いに意義があります。

　しかし、質的調査とりわけケーススタディには短所もあります。その最大のものは、調査の知見や結論を一般化することが困難であるという点です。一般化できない理由は、調査そのものの特性により、多くのケースを集めることは難しく、事例数の少ないことによります。つまり、ある中退者にあてはまる要因（たとえばアルバイトの労働環境の劣悪さ）が、一般的に言えるかどうかは、不確実です。これは、ケース数の少なさから数量的に把握できないため、統計的な推定ができないという問題です。言い換えれば、仮説検証が難しいということです。

　また、質的調査は、調査者の能力に依存する部分がきわめて大きいことも短所と言えます。誰が調査しても同じ結果が得られることを、統計では信頼性と呼びますが、質的調査では信頼性を高くすることが非常に困難です。このことは、再検証の困難さと言うこともできます。

▶量的調査

　質的調査に対して、量的調査は多くの事例を集め、その要因間の関連を統計的に分析するものです。その代表的な手法は、アンケート調査です。アンケート調査では、それぞれの質問項目の割合を集計しただけ（これを単純集

計と呼びます）で終わる場合が多々見られますが、これではアンケート調査の真価は発揮されません。量的調査の真価は、多数の要因間の関連を分析できる点にあります。たとえば、先の中退の仮想例で言えば、中退と履修状況とアルバイトの関連などです。様々な統計的手法がありますが、複雑な分析を行う前に、まず2つの要因の間の関連をクロス表や散布図にして検討することが重要です。

　量的調査の長所と短所は、質的調査とそれぞれコインの裏表の関係にあります。量的調査の長所は、ある程度手続きが客観化されているため、誰がやっても同じ結果が得られることです（とはいえ分析者の能力に依存する面もあります）。

　短所は、統計的検定によって一般化することが比較的容易である反面、画一的で深い質問はできないという点です。アンケートできる質問数は限られていますし、調査票に盛り込めなかった要因がある可能性があります。面接調査ではある程度追加の質問ができますが、自計式のアンケートなどでは、ほとんど不可能です。同じ対象者に二度アンケートすることもできますが、費用や手間を考えると実際にはかなり困難です。既存のデータ（履修状況など）から、それ以上の追加の情報を得ることもほとんどできません。

　量的調査は一般には仮説検証型です。しかし、因子分析などの統計手法を用いて、発見型の分析をすることも可能です。また、近年は、テクスト・マイニングなど、質的データを統計的に分析する手法も開発されています。

(3) 調査と統計分析の例——中退のケース

　課題を明らかにするための調査や統計の例として、中退の防止が大学の重要な課題であったとしましょう。この場合にどのような調査や統計分析が有効かを例に説明します。

　この場合、まずその学生がどのような理由で中退するのか、また、その後の進路はどのようなものかを把握する必要があります。そのためには、そもそも中退者が何人いるか、男子と女子の割合は、学部や学科による相違は、学年による相違は、といった中退者の分布を明らかにすることがまず第一の課題となります。

もしこうしたデータに既存のものがなければ、それらを収集し分類することが必要です。さらに、教授会の資料や学生相談室などの既存の資料にあたることも中退の要因を探るうえで重要です。しかし、プライバシーの問題もあり、教授会などに提出される資料には「一身上の都合」とだけ書かれている場合があります。これでは、中退の理由は具体的に捉えることはできません。もし、中退者に対するアンケート調査やインタビュー記録があればそれ
らも参考になります。こうしたデータを収集整理したうえで、次の分析に進めることになります。プライバシーに慎重に配慮し、なぜ学生が中退したのかを分析する必要があります。

　そうした既存の調査や記録がない場合には、中退した学生から直接に理由をたずねていれば、その理由について検討することができます。また、中退した学生の在学中の様々なデータを検討することも重要です。たとえば、修得単位数や学業成績や出欠状況などの履修状況を、中退者とそうでない学生で比較することは第一歩と言えます。

　これ以外にも、たとえば入試方法と中退の関連などを分析すれば、中退に関してその要因を推定することができます。また、**学生調査**などを実施していれば、アルバイトと中退の関連なども検証できるかもしれません。たとえば、学生のアルバイト時間が多いために授業への出席が悪ければ、修得単位が少なく、ひいては中退につながりやすくなっているかもしれません。学生が中退に至る経緯を丹念に追うことで中退に影響を与える要因を明らかにできれば、中退の防止に役立つでしょう。さらに、個別のケースだけではなく、こうした関連を学生データから明らかにできれば、より一般的に妥当する結果が得られます。表5−1は、そうした仮想の平均の記述例です。卒業者と中退者を比較すると、履修単位数や出席率、GPA（Grade Point Average）

表5-1 中退者と卒業者の相違（仮想例）

	履修単位数	出席率（%）	GPA	アルバイト時間(週)	一般入試の割合(%)	大学への満足度*	人数
卒業者	134.5	95	3.5	12	65	4.1	300
中退者	90.2	60	2.5	30	60	2.2	30
全体	130	92	3.0	14	65	4.0	330

注：*1〜5段階で評価。

表5-2 アルバイト時間数と出席率とGPAの相関（仮想例）

卒業者

	出席率	GPA	アルバイト時間(週)
出席率	1		
GPA	0.975	1	
アルバイト時間（週）	－0.024	－0.207	1

中退者

	出席率	GPA	アルバイト時間(週)
出席率	1		
GPA	0.910	1	
アルバイト時間（週）	－0.641	－0.537	1

132頁）や満足度では卒業者の方が高く、アルバイト時間は中退者の方が多いことから、出席率やアルバイト時間あるいは満足度が要因になっていることが推測できます。また、一般入試の割合から見る限り、入試方法と中退との関連については、決定的なことは言えないとわかります。

さらに、表5-2は、それらの要因間の相関係数を卒業者と中退者別に見たものです[14]。図5-1と図5-2はそれを散布図で表したものです。この例もまったくの仮想ですが、卒業者と中退者を比較すると、出席率とGPAは0.975と0.910とともに高い相関がありますが、両者には差がありません。つまり、卒業者か中退者かにかかわらず、出席率とGPAは強い関連があり

---

(14) 相関関数は2つの要因の関連の強さを示すもので-1から1までの値をとります。正の数であれば、一方が増えれば他方も増え、1に近いほど両者の関連は強くなります。0であれば2つはまったく無関係となります。負の場合には一方が増えれば他方が減るということになります。それぞれの相関係数の大きさと2つの関連は図5-1と図5-2を参照してください。

第Ⅱ部 大学とIRのツール

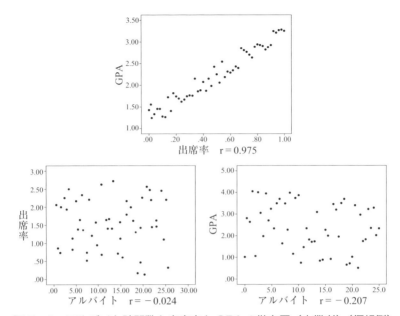

図5-1　アルバイト時間数と出席率とGPAの散布図（卒業者）（仮想例）

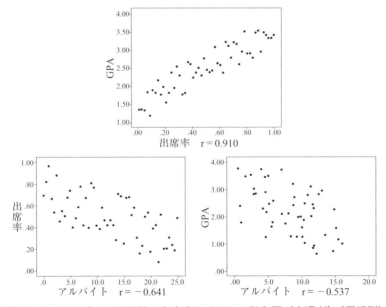

図5-2　アルバイト時間数と出席率とGPAの散布図（中退者）（仮想例）

ます。これに対して、アルバイト時間とGPAは卒業者では−0.207とあまり相関がないのに対して、中退者の方は−0.537と負の相関が見られます。出席率とアルバイト時間の関連の場合にはより明確で、卒業者では−0.024とアルバイト時間は出席率にまったく影響を与えていないのに対して、中退者では−0.641とやや強い相関があります。ここから、卒業者では、アルバイト時間が出席率やGPAに影響を与えていないのに対して、中退者では出席率やGPAにアルバイト時間が影響を与えており、アルバイトの多さが出席率やさらには成績に影響して中退につながっていることが推測できます。こうした検討の結果、大学としてアルバイトについてどのように考えるのか、さらにはアドミッション・ポリシーと実際の入学者の特性のミスマッチがあるのではないかなど、重要な知見を引き出すことができるでしょう[15]。

(4) 調査と統計の意義

　調査や統計は課題に答える1つの方法（道具）ですが、道具というものがそうであるように、使い方を間違えると思った成果を挙げることができず、逆に間違った結論に導いたり、かえって害となる場合さえあります。最近はエビデンス重視と言われ、数字を出すことが求められることが多いのですが、数字が一人歩きすることには十分注意する必要があります。

　そうした落とし穴にはまらないためには、何より調査や統計に親しんで、勘やセンスを養うことです。自分の直感や経験と合わない結果が生まれたときは、まずその調査や統計の結果がいかにして生まれたのか、十分に吟味することです。

　IRのツール（道具）としての調査や統計は、必ずしも高度なものが必要というわけではありません。むしろ生半可なスキルで、高度な調査や統計の手法を使おうとしても、逆に道具に使われるということになりかねません。こうした状況には特にある程度習熟した中級者が陥りやすい傾向にあります。繰り返しますが、調査や統計は目的があってそれに応じて用いるのであって

---

(15)　さらに詳しい退学行動の要因分析の例は、第7章「エンロールメント・マネジメント」（⊃115頁）を参照してください。

逆ではありません。何より、課題を解決するためにはどのようなデータが必要か、大量のデータを縮約しわかりやすい単純なものに集約するのが調査や統計の眼目なのです。

　習うより慣れろという言葉があるように、とにかく実際のデータをいじりながら簡単な調査や統計から始めて、徐々に高度なスキルを身につけていくことをお勧めします。その際、一人では間違いやちょっとした勘やコツになかなか気がつきにくいものです。とりわけIRとしての調査や統計はできるだけ多くの人と実施していくことが肝要です。

2　IRと学生調査

　本節では、学生調査をIRとしてどのように用いるかについて説明します。多くの大学で、様々な種類の学生調査が行われています。たとえば、学生生活実態調査や大学教育の達成度調査、卒業生調査などです。こうした学生調査は、日本の大学では、ほとんどの場合、これまでIRとは無関係に実施されてきたのですが、IRの視点から見ると、きわめて重要なIRのツールです。そこで、本節ではまずこの点について、アメリカの大学の例をもとに説明します。こうして学生調査をIRの一環として位置づけ、さらに他の学生の成績などのデータとリンク（紐付け）することによって、さらに学生調査を活かすことができることを説明します。そのうえで、特にベンチマーキングに学生調査が有用であることを示します。

(1)　アメリカの大学のIRと学生調査

　近年アメリカの大学のIRとりわけ**ベンチマーキング**にとって、学生調査は次第に重要性を増してきています。IRと学生調査の密接な結びつきは、1980年代に大学評価や**アクレディテーション**にとって学生調査が重要な役割を果たすようになったことによります。1980年代後半から大学は、評価のために、その卒業生が取得すべき知識とスキルを明確化し、その目的を反映した指標を設計し、それらの達成度を評価し、教育機関の効果を改善させるためにその結果を使用することが求められました。多くの州で評価が義務

化された一方で、すべての地域アクレディテーション団体は学生の成果を評価することをアクレディテーションの必要条件としました。これらの機関はアクレディテーションの基準を、入試点数、蔵書、教員の学位といったインプットから、学生の学習成果へと移行しました[16]。

このような評価の義務化に対して、ほとんどの大学は、学生調査と卒業生調査を実施することで対応したのです。教育機関の教育効果を測定し、それを改善させるための学生調査は、アカウンタビリティの要求に応えるための最も一般的な実行可能な方法であると言えます。学生調査は何より学生の活動や学習成果を目に見える数字で示すことができる、客観的なデータと考えられるからです。こうして、学生調査は今日のほとんどのアメリカの高等教育機関において必須の活動となっています。もっともこうした学生調査の重視に対して批判的な見方もないわけではありません。これについては、本節の最後に取り上げます。

このように、大学評価活動の一環として学生調査が重視され、後に見るような様々な学生調査が盛んに行われるようになっています。さらに、J・キンゼー（キンゼー 2007）は、ベンチマーキングと学生調査の関連についても次のように説明しています[17]。

> 内的外的にアカウンタビリティを評価する際に最も価値のある尺度の1つは、比較を通じたものです。「我々の競争相手や同等のグループと比較して、我々はどういった状態だろうか」という質問は、効果を評価する際の1つの重要な方法です。ベンチマーキングは、高等教育、特に集団間の準拠基準において評判を博してきました。学生調査のデータは一方で、目標準拠基準のベンチマーキングに、あるいは予め設定された基準に対する向上度を図るために使用されてきました。

こうして、学生調査はベンチマーキングの1つの重要な手段となり、ベンチマーキング可能な学生調査が開発されていくこととなりました。この結果

---

[16] キンゼー（2007）、バーク（2003）、Burke（2003）。
[17] キンゼーの引用は文章を整えるため、訳文を一部省略するなどの修正を行っています。以下の引用も同様です。

として、IR にとって学生調査は重要な道具の 1 つとして位置づけられることになったのです。

(2) 学生調査のモデル

　総合的な学生調査に関するモデルはいくつかあります。現在、特にアメリカで普及しているのは、A・W・アスティンらのカレッジ・インパクト・モデルとインディアナ大学の全米学生活動調査（National Survey of Student Engagement: NSSE）です。カレッジ・インパクト・モデルは、次に説明するアスティンの IEO モデルを嚆矢として、様々なモデルが開発されています。

　アスティンはカリフォルニア大学ロサンゼルス校（UCLA）の高等教育研究所（Higher Education Research Institute: HERI）の所長で、大学の中での学生の成長や変化の過程を検討するために開発したのが IEO モデルです。このモデルは、図 5-3 のように、学生の背景、学生が教育機関にもたらす入学以前の特性（Inputs）と教育機関の環境（Environment）が、学生の教育成果（Outputs）に及ぼす効果や変化を重視しています。入学以前の特性（Inputs）は、直接、成果（Outputs）に影響を与えるとともに、環境（Environment）を通じて間接的に成果（Outputs）に影響を与えます（Pascarella and Terenzini 2005）。アスティンは、この IEO モデルの枠組みで設計されたアセスメントの研究結果を蓄積することにより、学生の成長や変化を説明する概念、すなわち学生は関与（involvement）によって学ぶという関与理論を提示したのです（山田 2007）。

第5章 大学を調べる

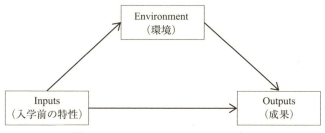

図5-3 アスティンのIEOモデル
出所：Astin (1993).

このモデルは、非常に単純ですが、入学以前の特性（Inputs）を想定している点が重要です。一般に大学における教育効果の評価は環境と成果の関連性に着目することが多いと言えます。たとえば、教育課程がいかなる成果を導き出しているかなどです。しかし、実際には学生の学習成果は環境要因だけでなく学生個々の資質や背景などに影響されています。学生個々の差異が直接成果に関係している場合と環境を経て間接的に成果につながるという2つの効果を見る必要があります。つまり入学以前の特性（Inputs）をコントロールしたうえで、環境（Environment）の成果（Outputs）への効果を測定できることが重要です。このモデルはそれを明示的に示しています。

また、このモデルで重要なのは、教育実践と教育成果について、因果関係を想定していることです。実際には、教育実践の効果に関する因果関係は、データの相関関係から推論することになります（Astin 1993）。つまりある要因（例　教員との関係）とある要因（例　学業成績）の相関が高ければ、それは原因と結果とみなすのです。この点に関しては、後に見るように、方法論上の批判もあります。

アスティンは、このモデルに基づき、複数の大学を対象に行なう共同大学調査研究プログラム（Cooperative Institutional Research Program: CIRP）を1966年に開発し、大学の新入生調査（Freshman Survey）や学生調査（College Student Survey: CSS）を現在まで、継続して実施しています[18]。大学はCIRPによっ

---

[18] CSSについては前節「調査と統計の技法」の注10（◯76頁）を参照してください。

て得られる学生の情報をベースに新入生の情報の入手、学生募集戦略、カリキュラムの検討、教育課程やその他のプログラム立案や評価を実施することができます。さらに得られた分析結果は公的な情報として外部に公表されます。

アスティン以降、様々な学生の活動と学習成果に関するモデルとそれに基づく調査が行われました。その中でも特に重要なのは、インディアナ大学中等後教育研究所の全米学生活動調査です。

▶ 全米学生活動調査（NSSE）

アメリカの学生調査の中でも、近年とりわけベンチマーキングが可能なことをセールス・ポイントとして急成長しているのが、インディアナ大学中等後教育研究所の全米学生活動調査（National Survey of Student Engagement: NSSE）で、現在約1,300の四年制大学が参加しています。キンゼーによれば、NSSEの目的は2つあります。

> 第一の目的は、学生の学習と大学での成功に関連する学生の活動と教育機関の活動を測ることによって、学士課程教育の質に関する妥当で信頼できる情報を提供することです。第二の目的は、学生経験と教育的効果を向上させるために、教育機関が実際に学生活動の調査結果を使用することです（キンゼー 2007）。

NSSEの特徴は、比較（ベンチマーキング）の対象となる大学（ピア校と呼ばれます）に関して、詳細なデータが提供されるため、自大学の学生との比較ができることにあります。このためNSSEの結果はベンチマーキングに有益です。NSSEはすべての教育機関に3つの比較を提供します。第一に、全国標準との比較（NSSEを受けたすべての学生）、第二に同じカーネギー分類の学生との比較（たとえば学士課程リベラル・アーツ）[19]、第三に教育機関が選択したピアグループとの比較です。選択したピア校からの結果（少なくと

---

(19) カーネギー分類は、アメリカの高等教育機関を類型に分けるもので、博士課程、修士課程、学士課程などに大別され、さらにそれぞれが中分類されています。学士課程リベラル・アーツはそのひとつです（2000年の分類）。

第 5 章　大学を調べる

表 5-3　NSSE のベンチマーキングの例

今年、教員がしたこと	ナッシービル州立大学	公立総合大規模大学	公立大規模大学	NSSE2013 年と2014 年の平均
授業の目標と要求を明確に説明できる	2.8	2.9 ▽	2.9 ▽	2.9 ▽
体系的に教授する	3.1	3.1	3.1	3.1
難解な点について例やイラストを使って説明する	3.2	3.1 △	3.1 △	3.1 △

注：△はベンチマーク対象より優れている。▽は劣っている。
出所：NSSE 2014 Frequencies and Statistical Comparisons, NSSEville State University.

もその他の教育機関 6 校）が集められます。表 5-3 はそのベンチマーキング項目「今年、教員がしたこと」の例です。

　さらに NSSE の結果は、参加校が自大学の改善努力の有効性を測定するために使用されます。また、教育的グッド・プラクティスの全国的ベンチマーキングの作成に使用されます。たとえば、いくつかの学校の職員や教員は、学生の学習を向上させるために直接的そして間接的に影響力を持つ教育活動への学生の参加頻度と変化のパターンを発見するために、NSSE の結果を利用しています。加えて、いくつかの州では、教育効果の指標システムにおいて、そしてその他の公的アカウンタビリティ機能のために NSSE データを使用しています（キンゼー 2007）。

▶学習成果から学習プロセスのモニタリングへ

　以上のように、大学生調査はアスティンらのカレッジ・インパクト研究から、その原因の追求、さらに学生の活動と関与（engagement）、教育から学習へ、さらには、成果（アウトカム）からプロセスへと焦点を移してきています（小方 2008）。NSSE は、教育のアウトカムを測定する調査とみなされることが多いのですが、次第に**大学評価**と関連して、教育過程や学習活動自体のプロセスのモニタリングとして重要な役割を果たすようになってきていると言われています。

　アウトカム志向は教育成果の具体的な定義と評価まで踏み込み、成果の測定を、システムあるいは大学の経営、統制に結びつけることによって具体的

にその道筋を明らかにしました。そのために、第1学年と最終学年に実施することによって付加価値を測定する標準化されたテスト（College Learning Assessment: CLA）などが開発されています。

アメリカ高等教育の改革を提起したスペリング委員会報告（Spelling Commission 2006）では、こうした学習成果を測定した結果を**データベース化**して公開し、一般の市民にアクセス可能とすることがきわめて重要としています（金子2009）。この試みとして、州別の高等教育をスコア化したメジャーリング・アップ（Measuring Up）や、CLAなどのデータを公開する説明責任のボランタリー・システム・プログラム（Voluntary System of Accountability Program）やその一部であるカレッジ・ポートレート（College Portrait）などがあります。

しかし、こうした標準化したテストによる学習成果の測定がどこまで妥当で、教育効果の測定として適切かに関しては様々な批判もあります。このため、こうしたアウトカムの測定だけでなく、学習過程のモニタリングが次第に重要性を増しています。学習過程のモニタリングとは、個々の学生について、①学生の将来への志望、家庭・学習背景など、学習行動の背景をなす諸要因、②大学入学後における異なる授業形態の経験、それに対する参加、授業関連あるいはそれ以外の学習行動、時間配分など、学習行動の特質、③学生自身が評価するいくつかの自身の能力、その過不足、そして在学中の変化など、学習成果に関わる諸側面のおよそ3つの領域にわたって、アンケート調査するものです。

これにより、第一に、学生を単一の集団として見るのではなく、学習意欲、将来計画、家庭背景など、異なった背景を持つものとして捉えることによって、それぞれの固有の行動や授業の影響を調べます。第二に、異なる授業・学習体験がどのような行動、学習意欲、成果に結びつくか、構造的に把握します。第三に、異なる専門領域や大学にわたって比較します。こうしたことが可能となるばかりでなく、さらに、こうした調査結果を、学生の成績、進学、就職行動あるいは成果測定と結びつけて**データベース化**すれば、より詳細な分析が可能になります（金子2009）。

第 5 章　大学を調べる

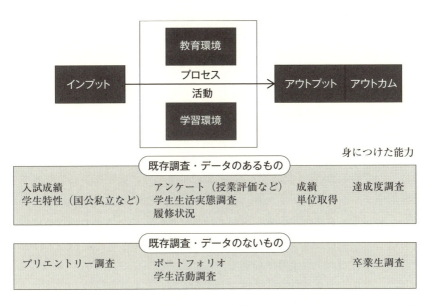

図 5-4　総合的な学生調査の例（愛在大学）

▶学生調査と学生のデータのリンク（紐付け）

　ここでは、以上のような学生調査とりわけベンチマーキングとの関連をふまえて、図 5-4 のような愛在（あいざい）大学の総合的な学生調査の枠組みを紹介します。とりわけ学生調査の結果と学生の学習履歴や生活実態などのデータをリ

ンク（紐付け）することで、学生の学習行動や生活実態をより深く分析できることが重要です。また、この図では愛在大学ですでに実施している調査や活動と、実施していないものを明示しています。

▶学習ポートフォリオ

学習ポートフォリオは履修状況・履修パターン・自己評価などを個人単位で構造的に整理したものです。これらも学生の学習行動を明らかにし、学生や教員が学習の改善や、教育の質の向上に役立てることができるツールです。学習ポートフォリオは、学生が自らの学習を反省的に捉えるためのツールですが、学務データや学生調査など他のデータと結びつけることができれば、学習改善や教学改善の強力なデータを提供するものとなります。表5-4はそうした学習ポートフォリオの例です。

▶卒業生調査

教育の成果は、在学中と卒業時にただちにあらわれるものではありません。むしろ、卒業して職業についてから教育の有効性を実感することもあります。このような観点から、在校生だけでなく卒業生の教育の成果を調査によって明らかにすることも重要です。

アメリカの大学の卒業生調査としては、全米高等教育マネジメント・システム・センター（The National Center for Higher Education Management Systems: NCHEMS）の学生アウトカム情報サービス調査（Student Outcomes Information Services Surveys: SOIS Surveys）と総合的卒業生アセスメント調査（Comprehensive Alumni Assessment Survey: CAAS）や、全米教育統計局（National Center of Education Statistics: NCES）の卒業後調査（Baccalaureate Beyond）、高等教育財政コンソーシアム（Consortium for Finance in Higher Education: COFHE）の卒業生調査（Senior Exit Survey）や、大学院卒業生調査（Ph. D. Exit Survey）などがあります[20]。

---

(20) アメリカの卒業生調査の歴史については、江原（2011）を、COFHEについては、*Column 7*「アメリカの大学のデータコンソーシアム」（◎165頁）を参照してください。

表5-4　東北大学の学生記録簿の例

表紙

　　　　　　　　　　学習等達成度記録簿
　学籍番号、氏名、出身高校
　所属学科、研究室
　現住所（住所、電話、携帯、Eメール）
　帰省先（住所、電話）
　アドバイザー教員（年度、氏名、連絡先（内線））

〔入学時記入項目〕

(1) 大学4年間における勉学目標

(2) 大学4年間における勉学以外の目標

〔年度毎の自己採点項目〕

(3) 自己採点（各学年の春に、100点満点で自己採点を行ってください。入学時における大学生の平均を60点と考えます。）
　　項目（入学時、年（五つ）、卒業時の七つの点数記入欄）
・工学に関しての基礎知識（化学、数学、情報など）
・各工学分野の基礎知識（専門科目など）
・課題を正確に理解する能力
・英語、その他の外国語による表現力
・人前での表現能力
・人と話し合ったり、議論する能力
・倫理観、責任感が身についているかどうか
・社会性や国際感覚が身についているかどうか
・読書、講演会への参加、英会話や情報処理学習など
・大学以外での学習による自己啓発、生涯学習能力
・実験計画で情報機器を操作できる能力
・実験計画を整理し、結果を的確に記述できる能力
・話題を発見できる能力
・実験計画などを設定できる能力

注：○囲み部分は筆者が加え、その他一部修正した。
出所：8大学工学部長懇談会　コアリションセンター機能体運営委員会『平成15, 16年度工学教育プログラム基準強化委員会報告』2005年。

▶学生調査に対する批判と学生調査の限界

　こうした学生に対する調査、とりわけアンケート調査には様々な批判があります。その主なものを挙げれば以下のとおりです。

・妥当性の問題すなわち、学生の成長（身につけた能力など）といっても、学生の自己申告や自己評価にすぎません。多くの調査は15分程度のものであり、これらを測定できているか疑問です。
・調査の信頼性への疑問があります。回答者には偏りがあるのではないか。たとえば、真面目な学生のみ回答することがあるとすれば、学生の評価は過大な評価となるおそれがあります。逆に、学生が真面目に回答しているか疑問という批判もあります。
・相関関係を因果関係に読み替えているのではないか、という批判があります。先のアスティンによれば、このモデルで重要なのは、教育実践と教育成果について、因果関係を想定していることです。実際には、教育実践の効果に関する因果関係は、データの相関関係から推論することになります（Astin 1993）。先に述べたように、この点に関して実際に測定しているのは相関関係であって因果関係ではないという批判があります。
・CIRPやNSSEは、追跡調査（パネル調査やフォローアップ調査とも言う）ではないので、個々の学生の成長や大学が与えた付加価値を測定していません。たとえば、学年別に比較して、学年が上昇するにつれて、能力の自己評価が高くなったとしても、その原因は教育の効果なのか、年齢による効果なのか、それともコホート（同一学年集団）の特性なのか判別できません（アイデンティフィケーションの問題と言われます）。
・もともとある傾向を持つ学生がある傾向の大学を選択するから、サンプルに偏りがあり、擬似相関（みせかけの相関）にすぎないという批判があります。偏差値の高い大学の学生が英語の能力を身につけた割合が高いというような例です。この点を明らかにするためには、学生の属性とりわけ入学前の属性や大学への期待を調査しておく必要があります。
・学生の成長は、個々のカリキュラムや活動によるのではなく、大学の経験全体によって培われるものであり、共通の経験こそが重要であるという批

判もあります（Kuh and Umbach 2004; リースマン 1986）。
・学生の成長は大学教育の効果か、それとも単なる「成熟効果」か。比較対象として非大学生と比較する必要があるという批判もあります。

　こうした批判に十分留意しながら学生調査を進めていくことが重要です。実際、こうした批判があるにもかかわらず、学生調査はますます盛んになっています。その大きな理由は、大学の評価やベンチマーキングへの有効性がある程度具体的に示されているためです。日本でも、**大学 IR コンソーシアム**のように、学生調査をベンチマーキングに用いることを指向するコンソーシアムもありますが[21]、学生調査をベンチマーキングに用いたり、IR と結びつけることはまだまだ少ないようです。学生調査の長所と短所について十分留意しながら、学生調査を IR に活用することが必要です。

3　IR と大学ベンチマーキング

(1) ベンチマーキングとは何か

　ここでは IR に密接に関連する大学ベンチマーキングについて説明します。大学ベンチマーキングは、少数の比較対象となる大学を取り上げて、指標を作成して自分の大学と比較を行うものです。これによって、自大学の特性を明らかにし、改革の基礎的な知見を得ることが目的です。IR の中でも重要な手法であり、後に説明する**戦略計画**の策定にも重要なデータを提供するものです。また、ベンチマーキングは、個別大学の改革だけでなく**大学評価**としても重要な意義を持つと言えます。

　大学ベンチマーキングは、自大学の他の大学との相対的位置、傾向、方向性、達成度などから、自大学の強みと弱みを明らかにすることができます。ここで重要なのは、しばしば強みと弱みは表裏一体であるために、改革が困難であることです。たとえば、大学の規模が大きいことは強みですが、それゆえに、しばしば**意思決定**や行動の機敏さに欠ける動きの緩慢な組織である

---

(21)　第 9 章第 1 節「大学 IR コンソーシアム」（◯153 頁）を参照してください。

という弱みがあります。また、意思決定の集権化は、**意思決定**の迅速さという強みを持ちますが、意思決定の分権化の持つ独自性・多様性には乏しくなります。また、大学ランキングなどでは、英米の大学は、英語の優位性でランクが高くなるという強みを持ち、多くの大学が英語に力を入れていますが、その反面、その他の言語に対して手薄になるという弱みがあります。このため、こうした強みと弱みの発見とその克服は困難な課題となるのです。

大学ベンチマーキングは、英米の大学では盛んに実施されているのに対して、日本ではほとんど実施されていないのが実状です。そこで、まずベンチマーキングとは何かを明らかにし、ベンチマーキングと密接に関わるIRや**戦略計画**や**学生調査**について、ベンチマーキングと関連して説明します。次いで、簡単な指標によるベンチマーキングの例を挙げます。これは各大学が作成するベンチマーキングのひな形としての役割を期待されるものです。

▶ベンチマーキングとランキング

一般に、ベンチマーキングとは、性能を比較することを指します。多くの場合、数量的な指標に基づきますが、必ずしも定量的なものではなく、定性的な場合もありえますし、両者を含むことが多いと言えます。たとえば、コンピュータやエンジンの性能の比較などが典型的なベンチマーキングの例です。大学にとってベンチマーキングは、単なる数的指標を比較するあるいはデータを比較するだけではなく、比較により、強みと弱みを明らかにして、大学の**意思決定**に役立てたり、改善に結びつける、調査分析の試みです。

また、ベンチマーキングに対してベンチマークはベンチマーキングの結果を示す静的なものです。「ベンチマークは『何ですか（what）』であるのに対して、ベンチマーキングは『どうやって（how）』である」（Lyddon et al. 2012）とも言われています。最近のアメリカでは単なる測定であるベンチマークではなく、大学の改善に結びつけるために、常に動的であり実行中であるというベンチマーキングの方がよく使われています。

ベンチマーキングは数量的な比較を行うため、しばしばランキングと混同されますが、両者は似て非なるものです。ランキングは、ある対象の全体、たとえば日本のトップ100大学の位置づけを明確化することを目的としてい

第 5 章 大学を調べる

ます。これに対して、ベンチマーキングは、ある1つの対象を他の複数の同等の対象と比較することです。ベンチマーキングの目的は、対象となるものの改良にあります。また、競争的環境の中で、自分の強みと弱みを明らかにすることによって、戦略を策定するために有効な方法です。この点では、SWOT 分析[22]に似ていますが、比較の対象を含める点が重要です。

　大学の場合には、このランキングとベンチマーキングの相違はより明確です。ベンチマーキングは、自大学と同等あるいは競争相手であると想定される大学（ピア校と呼ばれます）と、相互比較を行うことで、自己の強みと弱みを明らかにして、次なる戦略を策定する1つの根拠を提供するものです。このため、特徴がまったく異なる大学を対象にベンチマーキングをする必要はありません。ランキングのように多くの大学を対象とする必要もなく、せいぜい10校程度のピア校と比較することで十分です。あまりに対象が多くなると、かえって強みと弱みが明確にならない場合さえあるので、注意が必要です（Hubbell et al. 2002）。

　また、大学ランキングのような大学に関する定量的な指標が公開され、大学間で比較が行われると、背景やコンテクストを無視して、一元的な大学の序列化が起こる可能性があります。これは、ランキングの問題点の1つです。このため、アメリカでは、個々の大学の数値を公開しない、あるいは、匿名

---

[22] SWOT 分析については、第4章第3節「SWOT 分析」（◯62頁）を参照してください。

性を持って公開するなどの注意が払われた、ベンチマーキングのための大学間相互データ交換システムなどが発達しています[23]。

なお、以下で説明する大学のベンチマーキングは大学間の比較が中心ですが、1つの大学内で、たとえば学部間のベンチマーキングをすることもあります。この場合、学部の特性の相違に十分注意することが必要です。たとえば、研究の指標として英語の論文数を見ると、研究の領域によって、大きな相違があります。これを無視して単純に比較することはかえってミスリーディングになります。

▶ ベンチマーキングとパフォーマンス・インディケーター（PI）

ベンチマーキングについても、いくつかの定義がありますが、ここでは以下の定義を紹介します。「ベンチマーキングとは、組織が、改善の機会を見いだすために、その過程と成果を他の組織と比較する戦略的で構造化されたアプローチを指す」(Levy and Valcik 2012; Levy and Ronco 2012)。

このような意味でのベンチマーキングは1970年代のアメリカのビジネス界で採用されたと言われています。それまでは、企業の経営も、過去の実践に基づくことが多く、目標やより優れた実践を考慮することが少なかったのです（Levy and Ronco 2012）。これは大学についてもあてはまることと言えます。ただし、後に説明するように、ベンチマーキングは比較的少数の大学を対象として指標を選んで比較するので、対象校（ピア校）と指標の選定はきわめて重要でこれを誤るとかえって有害にもなりかねません。これは、とりわけ**パフォーマンス・インディケーター**（Performance Indicator: PI、成果指標あるいは業績指標）にあてはまることです[24]。

具体例は後ほど紹介しますが、一般にPIは、成果を指標にしたもので数字で表されます。たとえば、卒業率や中退率などがよく用いられます[25]。PIは数字が出されますので、比較するのが容易で、いったんPIが出されれ

---

(23) 詳しくは、Column 7「アメリカの大学のデータコンソーシアム」(◯165 頁) を参照してください。
(24) アメリカの大学におけるPIについては吉田 (2007)、さらに詳しくは片山他 (2009) を参照してください。

ば、あまり詳細に検討する必要がありません。し
かし、PI の作成は、他の重要な情報を捨象して
いる可能性が常にあります。とりわけ、定性的な
情報は無視されがちです。中退にしても様々な要
因がありますが、いったん中退率としてまとめら
れると、その数字のみで比較されがちです。この

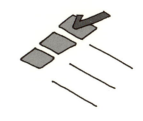

点について、PI の利用は十分注意する必要があります。なお、PI の中でも、
特に重要なものに絞ったものをキー・パフォーマンス・インディケーター
(KPI) と呼び、最近よく使われるようになってきました。

　これに対して、ベンチマーキングは単なる指標の比較ではないことは強調
しなければなりません。また、いくつかの大学の指標の平均をもって比較す
ることを、ベンチマーキングと呼ぶ場合があります（西本・城多 2004）。こ
れに関連して、いわゆるグッド・プラクティスにあたる大学と当該の大学を
比較することをベンチマーキングと呼ぶ場合があります（池田他 2006）[26]。
このように、ベンチマーキングは、様々な意味で用いられており、どのよう
な意味で用いられているか十分注意する必要があります。

　ベンチマーキングはその実施の過程を理解し、それを創造的に応用できる
ことが重要です。ベンチマーキングは、コピーではありません。自己の大学
にとって、ベスト・プラクティスを選び、比較することによって、改善に結
びつける方法です。ベンチマーキングは、複雑で、時間と費用がかかり、労
力を要するものです。それだけに単なる比較にとどまらず、改善に結びつく
ことが重要です（Levy and Ronco 2012）。

▶大学評価、大学の質保証とベンチマーキング

　大学評価として最も古くから定着しているものに、アメリカのアクレディ

---

[25] 詳しくは第 7 章「エンロールメント・マネジメント」（◐115 頁）を参照してくだ
さい。
[26] 「ベンチマーキングは、自分の所属する組織活動を継続的に革新していくために手
本となるグッド・プラクティスを探し、比較評価しながらその強みの全体像について多
段階に学ぶ手法として知られる」としています。

テーション（適格認定評価）があります。アクレディテーションは、1つの大学を対象とした自己評価（self study）を基礎としており、自校の特徴を明らかにするために他校と比較するベンチマーキングはあまりなされていません。

しかし、アメリカだけでなく、イギリスなどでも大学評価の重点は次第にインプットからアウトカム、さらにプロセス評価へ、カリキュラムから学生の活動へと変化しています。こうした変化の動向の中で、ベンチマーキングは、大学の**内部質保証**のための重要なツールの1つとして位置づけられるようになってきています。

（2） ベンチマーキングの手法

ベンチマーキングの比較の対象は、大きく分ければ、次の3つです。

① 外部組織と学内組織の比較
② 学内組織間の比較
③ 同等の他大学あるいは競争相手（ピア校）との比較（平均の比較を含む）

▶指標、過程（プロセス）、診断のベンチマーキング

ベンチマーキングの手法を、指標、過程（プロセス）、診断と分けることもあります（Levy and Ronco 2012）。指標も様々なものがありますが、その中でも、先に紹介したように、成果（パフォーマンス）を示す指標をPIと呼び、広く使われています[27]。他のIRのツールと同様、ベンチマーキングも目的があっての手段です。そのためには目的に応じたベンチマーキングをして、成果に結びつけなければなりません。その点では、単なる指標の比較ではなく、診断やとりわけ過程（プロセス）の比較が重要です。診断のベンチマーキングとは、健康診断と同様、大学の健康を他大学や大学内の組織間で比較してチェックし、パフォーマンスを確定して、改善点を見いだすことです。また、プロセスのベンチマーキングとは、複数の大学の特定の実践の過程を

---

[27] 具体例は第10章第1節「戦略計画とIR」（●167頁）を参照してください。

深く比較するもので、自校の改善のため、「望ましい競争相手」のベスト・プラクティスを確定するもので、最も時間も費用もかかります。たとえば、競争相手の改善の成果だけでなく、どのように改善していったかを比較することで、改革に対する阻害要因や大学の文化・風土・慣習などをベンチマーキングするのがプロセスのベンチマーキングです。

　このようなベンチマーキングの定義に基づけば、ベンチマーキングはIRの重要なツールであることがわかります。IRの範囲を狭義に捉えようと広義に捉えようと、ベンチマーキングはIRと密接な関連があることは明らかです。さらにベンチマーキングは、大学にとって、より大きな**戦略計画**のための重要なツールです[28]。

▶ベンチマーキングのステップ

　一般に、ベンチマーキングは4つのステップからなっています（Lyddon et al. 2012）。

① 計画

　ベンチマーキングの項目と優先順位を確定します。このためには、**SWOT分析**が役に立ちます。次に比較の対象となる大学を選定します。とりわけその中でも最も優秀な大学を確定することが重要です。学内のベンチマーキングの場合にも同様です。

② 情報収集と分析

　優れた大学の成果だけでなく、その成果に至る過程を調査します。ベンチマーキングで最も時間とコストを要する活動です。たとえば、優れた成果を挙げているのはどのようなタイプの学生かを分析します。また、成功している事例を調査します。

　さらに自校の改善のための目標を設定し、目標達成のために必要な変化やリソースは何かを明らかにします。たとえば、誰が変化をリードするかを明

---

[28]　これについては、第10章第1節「戦略計画とIR」（●167頁）で説明します。さらに、**戦略計画**について、詳しくは片山他（2009）を参照してください。

③ 統合

収集分析した情報をキー・ステークホルダーと意見交換します。IR担当者以外の理解と受容を得ることが重要です。次に、新しい短期と中期の達成目標を設定します。これらは長期の目標に向かうためのものです。

④ 行動

期限や個人の権限や達成目標を設定し実行する**アクション・プラン**[29]を策定します。③の統合のステップとほぼ同時に行われます。

上記のステップを継続することが重要です。また、ベンチマーキングにおいては、誤った目標設定をしてしまうなどのリスクにも注意する必要があります。繰り返しますが、とりわけ、**ピア校**の選定は、誤ると目的を達成できなかったり、ミスリーディングになります。自校と同程度の大学（ライバル校）よりやや上位の目標とすべき大学も含まれるべきです。

重ねて強調しておきますが、ベンチマーキングは、単なる指標の比較でも他の大学のベスト・プラクティスをコピーするものでもありません。あくまで自校の改善のためのツールです。

▶ベンチマーキングの項目例

ここではいくつかのベンチマーキングの項目を紹介します。これらは単なる指標（PI）ではなく、プロセスを含めて比較するという点に注意してください。

- 規模：学生数、教員数、スタッフ数、予算、資産、面積など
- 知名度：情報発信力、認知度、威信
- 多様性（social-mix）：教員・スタッフ・学生の外国人割合、社会階層、ジェンダー、組織構造、カリキュラムなど
- 組織構造とガバナンス：分権・集権（統合と分散）、小規模センター、学

---

[29] アクション・プランについては、第10章第1節「戦略計画とIR」（◯167頁）を参照してください。

部学科構成
- 立地：都心型、郊外型、サイエンスパークに隣接など
- キャンパス：分散型（独自性）、一体型（一体感）
- 価格：授業料＝質とブランドを表示
- 予算：フローとストック（資産）
- 寄付：フローと基金（ストック）
- 教育：研究と社会貢献活動
  カリキュラム：深さと広さ、細分化の程度、文理融合、横断型
- 特色：産学連携、先取性
- 国際性・国際戦略：自大学からの海外留学、留学生
- 卒業生：就職状況、学位取得状況、卒業生ネットワーク
- 評価：学生、卒業生、教員、スタッフ、企業、その他
- メディア：ICT（情報通信技術）、OCW（Open Course Wave）、MOOC（Massive Open Online Course）（いずれもインターネットの講義配信）

　これらの項目の中から自大学の目標に応じて優先順位をつけてベンチマーキングをすることが重要です。

　なお、アメリカではIPEDSなどに自大学のデータを提供すると、ピア校とのベンチマーキングをしたレポートが提供されます[30]。また、アメリカの大学ではデータコンソーシアムを通じてピア校のデータをベンチマーキングすることができ、**学生調査データによるベンチマーキングも盛んに行われています**[31]。こうして大学ベンチマーキングのための他大学のデータを入手することができます。

　ベンチマーキングが**SWOT分析**や**戦略計画**などとも密接に関連していることと、それがIRにとってきわめて重要なツールであることが理解されたかと思います。

---

(30) これについては、Column 5「アメリカの大学情報公開の現状」（◯149頁）、Column 7「アメリカの大学のデータコンソーシアム」（◯165頁）とを参照してください。
(31) これについては、本章第2節「IRと学生調査」（◯84頁）を参照してください。

第6章
大学のデータを集める
―― IR の主なツール（3）

1　IR とデータとの関わり

　IR の既存研究の多くで引用される J・L・ソープ（Saupe 1981, 1990）は、IR を「機関の計画立案、政策形成、意思決定を支援するための情報を提供する目的で、高等教育機関の内部で行われる調査研究」と定義しています[1]。ここで想定されている IR の業務は、以下の4つのフェーズに集約することができます。

> 情報収集　＞　情報分析　＞　政策提言　＞　施行支援

　また、IR の業務はデータ収集、そしてこれらのデータを情報へと変える分析や構造化、主要な構成員への活動結果の提示といったすべての活動が含まれます[2]。これらに共通するのは、データ収集を IR 業務の始点としていることです。その理由は、効果的な分析を進めるには精度の高いデータが必要とされ、これらのデータなしには IR 業務は推進できないからです。したがって、IR にとってデータ収集は不可分であり、IR の重要な立ち振る舞い[3]の1つとして「情報の精通者（Information Authority）」が挙げられてい

---

(1)　第1章「IR とは何か」（◐3頁）を参照してください。2014年の中央教育審議会「大学のガバナンス改革の推進について（審議まとめ）」においても、IR とは「一般に、教育、研究、財務等に関する大学の活動についてのデータを収集・分析し、大学の意思決定を支援するための調査研究を指す」とされています（◐71頁）。

(2)　Muffo and McLaughlin（1987）．

(3)　Volkwein（1999）．原文では、「顔（Faces）」が用いられていますが、ここでは「立ち振る舞い」と、意訳しています。第1章「IR とは何か」（◐3頁）を参照してください。

たり、IR担当者に必要な知識の1つとして情報通信技術（以下「ICT」という）に言及[4]されていたりしています。

　もちろん、IR部署または担当者がこれらすべての業務に対応できるのは稀で、特にデータ収集においては、ICT部門との密接な連携および協働が非常に重要な要素を占めます[5]。アメリカの高等教育機関では、データ収集まではICT部門が対応し、これらのデータの加工と分析をIR部門が対応する、といったように役割を明確にしている例が多く見受けられます。そのため、IR部署はデータ収集とは無関係であると見られがちですが、実態としては、ここに深く関わっています。また、学内のすべてのシステムに対してアクセス権を有し、必要なときに必要なデータを収集できる環境に置かれています。これらのことを通じて、学内各所に散在するデータの所在とその特性を把握し、学内各所から寄せられるデータや分析の要望に必要なデータを収集でき、それを加工しながら要望に対応しているのです。

2　データ統合

　IRは、大学の教育研究をはじめとする活動における、多様性に富んだデータを収集します。しかしながら、通常、各大学では学部・研究科単位、部、課、あるいは研究者単位でデータの作成・管理を行っており、これらのデータは各単位で異なる目的で収集されています。その結果、各種活動に関するデータは、学内のあらゆる部署に散在するほか、ワード、エクセル、アクセスといった異なるアプリケーションの形式で保存されています[6]。

　たとえば、最も基本的なデータである学生情報は、基本的には教務システムに格納されますが、属性ごとに異なるテーブルに収録されていたり、学部あるいは学科単位で異なる項目で構成されていたりするかもしれません。ま

---

(4)　Terenzini（1993）.
(5)　Swing（2009）は、学内関係者との良好な関係を築くためのコミュニケーション能力がIR担当者に必要とされる最重要項目として位置づけています。
(6)　これらの課題については、佐藤他（2009）や大学評価コンソーシアムで作成しているガイドラインなど（http://iir.ibaraki.ac.jp/jcache/index.php?page=guideline）で指摘されています。

た、学生の入試情報は入試システム、学生への奨学金や授業料免除などの経済的支援に関するデータは財務システムといったように、別のシステムに格納されているかもしれません。このような状況下では、それぞれのシステムから取り出したデータは断片化されていて、分析することができません。この異なるシステム、あるいは異なる様式や形式で存在するデータを、活用用途に応じて加工する作業をデータ統合と言います。先の学生データを例にすると、学生の個人ID（学籍番号）を核に、教務システムから性別、年齢、学年、履修情報など、入試システムから出身校、入学時の学力に関する情報、財務システムから奨学金あるいは授業料免除に関する情報を抽出し、それを1つの情報として結合することになります。このように抽出したデータは、欠損値や誤入力された数値がないかなどのエラー・チェックやクリーニングを経るなどしてデータの精度を確保したうえで、ようやく分析作業に取りかかることができます[7]。

このデータ統合の方法については、以下の2つを挙げることができます。

まず、エクセルなどの表計算ソフトを活用した、スプレッドシートによる統合があります。これは、システムから抽出した情報をエクセルなどで読み込み可能なデータ形式（CSV、テキストデータなど）として別のスプレッドシートに保管し、これらのファイルから必要な情報を抽出して、手動で結合する方法です。昨今、エクセルをはじめとする表計算ソフトの機能が大幅に向上していることを受け、このアプリケーションソフトに関する一定の知識を有していれば、ある程度のデータ統合は可能です[8]。このソフトは安価であることから、学内でも利用者が多く、汎用性が高いうえ、柔軟性に富む方法でもあります。

一方、この手法では、その都度データを収集し、それを手動で統合するため、対応に時間を要してしまう、あるいは取り扱えるデータ量などに制限が

---

[7] データのクリーニングについては、第4章第1節「大学のダッシュボードをつくる」（⇒45頁）を参照してください。
[8] マイクロソフト社の2003年以降のエクセルには、統合機能が実装されています。メニューバーの「データ」をクリックして、次に「統合」をクリックすると、統合の設定ダイアログボックスが表示されます。このボックスに必要な条件とデータの範囲を指定することで、複数のワークシートのデータを統合することができます。

あったりします。また、個々人のパソコン上にファイルが保管されていたり、スプレッドシートの項目が変更されたりすると、使用できません。そのため、事前の調整とルール化が不可欠であるうえ、こうした作業に対応する担当者の能力に大きく依存することになります。さらに、継続的に実施していく際、同じような作業を繰り返すことになるため、効率の面での課題も出てきます。こういった問題を解決してくれるのが、以下に詳述する、2つ目のデータ統合の方法である、データベースです。

3 データベース

▶管理・検索が容易なリレーショナル・データベース

　データベースとは、特定のテーマに沿ってデータを集めて管理し、容易に検索・抽出する仕組みです。この仕組みを構築するにあたっては、多数の製品群と選択肢がありますが、その多くに共通しているのが、リレーショナル・データベース（Relational Data Base: RDB）であるという点です。これらは、最も広く用いられているデータモデルである関係（リレーション）モデルを基本的なデータ型とし、データは表に似た構造で管理されます。そのことにより、データベースの利用者は、通常、クエリ（問いかけ）と呼ばれる条件をデータベースに与え、複数の関係を連結させてデータを検索したり、変更したりすることができます。

　図6-1に、仮想例を用いてRDBの考え方を説明します。教務情報データベースには、それぞれの授業科目ごとに登録者と成績が格納されています。他方、学生情報データベースには履修単位数やGPAあるいは学籍個人の情報などが収められています。この2つを結びつけるのがRDBです。結びつけるには共通のコードが必要で、この場合には学籍番号によって、両者を結びつけることができます。つまり、学籍番号によって、この授業科目（教育社会学A）の登録者の履修単位数やGPAに関する情報を得ることが可能になるのです。

教務情報データベース

授業科目	教育社会学 A	
登録者	成績	学籍番号
立花理恵	C	53669
山川玲子	A	56898
遠野滋	A	58364

学生情報データベース

学籍番号	氏名	履修単位数	GPA
48963	大林政之	15	3.2
53669	立花理恵	48	4.4
56898	山川玲子	56	4.5
58364	遠野滋	60	4.9
60123	隆武君	85	4.8

図6-1　リレーショナル・データベース（仮想例）

▶柔軟性のある XML データベース

　一方、昨今の刻々と変化する環境に合わせて、システムで管理するデータを柔軟に変更することができる XML（Extensible Markup Language）のデータベースへの注目が高まっています。RDB では、予めデータの構造や形式を決めて格納するのに対して、XML では、タグと呼ばれるデータの属性を記録した非構造データ（XML ドキュメント）として格納されます。そのため、RDB のようにデータ構造に制約されず、より柔軟性に富んだ仕組みが構築できる、あるいは昨今の Web アプリケーションとの親和性が高いといった特性を有しますが、RDB が XML に劣るということではありません。双方に長所と短所があるため、それぞれの機関の実情や用途に応じて、選択することになります。

▶関連部署との良好な関係を築く

　データベースを構築する際、上記の技術に関する ICT の知識同様、学内各所において、データがどのように運用されているのかを理解することが重要となってきます。具体的には、どのようなデータが発生し、それらはどのような項目に、どのような形式で、どのような頻度で記録されているのか、といったことです。これを部署ごとに把握し、文書化していくのは相当の時間と労力を要しますが、この過程なしにはデータベースの設計や仕様を検討することができません。また、検討の過程で、従来のデータの管理方法やデータ項目を変更してもらう必要が出てくれば、該当部署と交渉しなければ

なりません。さらに、仕様を検討する段階でも、適宜、該当部署に確認したり、追加の資料を出してもらったりすることがあります。そのため、日頃から関係部署との良好な関係を築くためのコミュニケーションをとっておくことが重要となります。また、関係部署の協力を得られるよう、指示命令系統や決定プロセスも把握しておかなければなりません。このように、ICTの技術以外に対応すべきことは複数ありますが、これらの過程を経て仕様を策定することで、構築後の活用、さらには運用面での協力も期待できます。

▶仲介者としてのIR担当者

　上記のような過程を経てデータベースの仕様が確定すれば、その仕様に沿って独自開発、あるいは市販のパッケージソフトを購入してカスタマイズするといった作業に移行することができます。この過程でのIR担当者の役割は、仕様書の内容が開発担当者に適切に伝わっているか、それがシステムに実装されているかといったことの確認にあります。特に、市販パッケージをカスタマイズして導入する場合、組織固有の特性を適切に開発担当者に伝達し、それをシステムに反映してもらう必要があり、そこでのIR担当者の仲介者としての役割は大きくなります。

　また、実際に運用が開始されれば、システムのエンドユーザーとしてのみならず、入力されるデータのモニタリングや、実装されているデータ項目の過不足などを確認する役割を担うことになります。運用初期段階においては、システムに不慣れであるため、誤入力のリスクが高く、定められたスケジュールに沿うことができないかもしれません。また、学内各所から寄せられる要望に対して、設定しているデータ項目では対応できないこともあるでしょう。こうした確認作業を軽視してしまうと、実際の分析に用いるデータの精度が確保できず、分析結果の信頼性を担保することができなくなります。そのため、こうした一連の役割を担いながら、先述した「情報の精通者」としての認知を得ていくことが要求されます。

▶ビジネス・インテリジェンス

　近年、アメリカの高等教育機関では、データベースで収集した情報を効果

第6章 大学のデータを集める

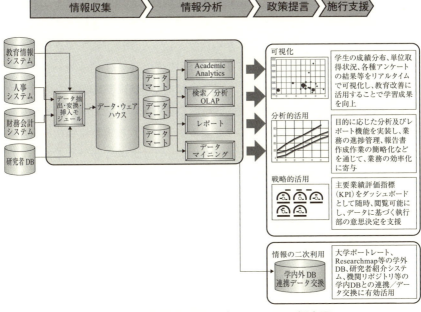

図6-2 理想的な統合データベースの概念図

的に活用することをめざし、ビジネス・インテリジェンス（Business Intelligence: BI）の導入が進んでいます。BIとは、組織内のデータを収集・蓄積・分析・報告し、経営上の意思決定に役立てる手法や技術を指します。昨今の目覚ましいコンピュータなどのハードウェアの技術革新により、大量データを対象としたリアルタイム分析などが可能になってきたからです。特筆すべき点として、BIは各大学などの各種基幹システムの現状の仕様および運用を維持しつつ、変換モジュール[9]を介することで一元的にデータ・ウェアハウスに格納することができる技術であるということです。そのため、従来、各大学などにおいて、統合的なデータベース・システム構築において障壁と

---

(9) ここで言う変換モジュールとは、企業の基幹系システムなどに蓄積されたデータを抽出（Extract）し、データ・ウェアハウスなどで利用しやすい形に加工（Transform）し、対象となるデータベースに書き出す（Load）、これら一連の処理を支援するソフトウェアを指します。一般的には、それぞれの動作の頭文字をとって、ETLと称されています。

なっていた他のデータベースの仕様および運用面での変更を強いることなく、効率的な情報収集が可能になることから、導入に際しての運用上の問題解消、さらには導入コストの削減にも大きく貢献できると期待されています。また、BI 技術を用いることで、特定の目的に合わせたデータをデータ・ウェアハウスから取り出すデータマートや、取り出したデータをシステム上で分析して返す機能（Analytics、OLAP など）が実装でき、これらをダッシュボードなどに瞬時に反映することが可能になります。こうした技術革新を活用することで、冒頭に示した IR 業務の 4 つのフェーズの実現へと近づくことができます。実際に大学で開発する際に参考となるシステムの概念図を示します（図 6 - 2）。

4　効果的な IR 実践のための課題

　この図は、あくまでも理想的なシステム像であり、構築にあたって、IR 部署が学内の各種システムに対してアクセス権を有するということを前提としています。この点については、日本の大学の実情は必ずしも明るくないと言えます。多くの大学において、IR 部署または担当者は学内の各種システムへのアクセス権を有していない実態があるようです[10]。こうした環境下では、各種システムにどのようなデータが存在し、それらがどのような形式や流れに沿って収録されているかを把握することができません。したがって、まず各種システムへのアクセス権を得るための働きかけを行い、それを得たうえでシステムを構築していくことが要求されます。日本の IR 部署あるいは担当者が効果的に IR 業務を推進していくうえで、早急に解決すべき最初の障壁と言えるかもしれません。

---

(10)　「全国大学 IR 調査」によれば、財務データに対する IR 担当者のアクセス権限は 6.2 %、教員データに対しては 11.1%、授業評価データに対しては 14.7%、学務データに対しては 14.3%、といったデータが示されています。資料「日本の大学における IR の現状」（⊃187 頁）を参照してください。

第Ⅲ部

Institutional Research

IRの主な実践例

第7章　エンロールメント・マネジメント ……115

第8章　大学の質保証と情報公開 ……131

第9章　IRコンソーシアム ……153

第10章　経営支援のIR ……167

第Ⅲ部では、第Ⅱ部で説明した IR にとってきわめて基本的な、しかし重要なツールを、大学の活動にどのように活かしていくか、いくつかの事例を取り上げて説明していきます。第 7 章では**エンロールメント・マネジメント（EM）**を取り上げます。EM は学生の状況を入学前から在学中、卒業後まで一貫して把握するしくみです。第 8 章では、大学の**質保証**と**情報公開**のために、どのように IR に取り組んでいったらいいのかを説明します。次いで第 9 章では、大学の**情報公開**と密接に関連する IR の発展の 1 つの例としての **IR コンソーシアム**について、日本の現状を紹介します。さらに、第 10 章では**経営支援のための IR** の例として、**戦略計画**と**財務計画**と IR の関連について、説明します。

第7章
エンロールメント・マネジメント

1 エンロールメント・マネジメントとは？

　アメリカの高等教育機関において、IRが最も威力を発揮している業務の1つが、エンロールメント・マネジメント（Enrollment Management: EM）と言われています。1970年代、経営危機に瀕したアメリカのボストン・カレッジの入試部長を務めていたJ・マグワイア氏（物理学博士）が学生募集、学生サービス、在籍管理を包む包括的な概念としてEMを最初に提唱し、大学経営を安定させるマネジメント手法として確立させたことで、その後、アメリカの多くの高等教育機関で実践されるようになったとされます。日本では、入学者分析、在学者分析などとして翻訳・紹介されていますが、アメリカIR協会が2001年に発刊したハンドブック "Institutional Research: Decision Support in Higher Education" でも指摘されているように、その定義はIR先進国のアメリカでも一様ではありません。同書によると、現場レベルでは「学生を獲得するための各種方策」という限定的な印象を抱かれているようですが、本質的には「学生が大学に入学し、在学し、卒業するまでの流れを検査・調査し、管理しようとするIR活動と企画機能」という定義がなされています[1]。すなわち、学生の入学から卒業までのすべての過程に関連する部署が実施する学生への支援業務と、それらの業務に関する調査分析を包括的に示した用語と言えるようです。

　先述のIRハンドブックによると、EMには、大別すると次の2つの業務が含まれます。

---

(1) ハワード編（2012）、15頁。

第Ⅲ部　IRの主な実践例

① 学生募集（Student Admission）
　どのぐらいの学生が対象として存在し、どのぐらいの学生が入学してくれるか。
② 学生フロー（Student Flow）
　入学した学生が、どのぐらい残って、卒業していくか。

2　学生募集

　学生募集に関する業務の根底には、どのような属性を持つ学生が当該大学を選択し、入学してくるのかを明らかにすることがあります。代表的な業務として、①-1　教育パイプライン（入学に至る経路）、①-2　入学者予測、①-3　合格率（入学許可率）および歩留まり率（入学手続き率）、①-4　経済的支援が考えられます。

第 7 章　エンロールメント・マネジメント

▶ ①－1　**教育パイプライン**（入学に至る経路）

まず、当該大学への入学をめざす学生数を示した「**教育パイプライン（入学に至る経路）**」という概念を用いて、学力、出身地域、人種といった学生の属性からその範囲を絞り、入学への「働きかけ」を行う対象を特定します。たとえば、大学から半径 100 キロ圏の高校に通学する学生の数、学力の統一テストで一定点数以上の成績に達した学生の数、といったことが考えられます。しかしながら、個々の大学が掲げる使命や建学の精神によって、募集したい学生像は異なってきます。したがって、潜在的な学生のパイプラインは大学によって異なり、大学入学前の学生がどのぐらい存在するのか、その範囲を明確にすることが教育パイプラインの特定につながります。

▶ ①－2　**入学者予測**

次に、教育パイプライン上に存在する潜在的な学生のうち、どのぐらいの学生が入学してくれるのかを推計します。これが、**入学者予測**と言われるものですが、そのための手法は確立されているわけでなく、精度も期待どおりのものとならないことが多いと言われています。その理由は、部署によって求める数値（フルタイム換算の学生数、実際の入学登録者数）、学科・専攻あるいは地域レベルというように求められる分析のレベル、短期あるいは長期予測といったように時間軸が異なったりするからです。なお、入学者予測においては、一般的に過去の入試情報（入学者の性別、出身地、高校、統一テストの点数など）、入試方法別の入学者数、人口動態に関するデータなどが用いられます。これらのデータに基づき、統計モデルなど、量的な手法を用いた短期の入学者予測が可能となります。一方、時間軸が長い中長期的な予測においては、経済、政治、社会の変化などが大きく影響してくるため、量的な手法に加え、シナリオ策定といった質的な手法も組み合わせて予測することが必要とされます。このように、量的・質的な手法を用いて推定した入学者予測の数値は、大学の予算案の策定、教員の配置、教室の決定、施設・設備の整備などに活用されます[2]。

---

(2)　第 10 章第 2 節「財務計画と IR」（◑174 頁）も参照してください。

▶ ①-3　合格率および歩留まり率

上記に加え、あるいは並行して実施されるのが「**合格率**（入学許可率、admit yield rate）」および「**歩留まり率**（入学手続き率、enrollment yield rate）」の計算です。合格率とは、志願者のうち合格し入学を許可した学生の比率を指し、この数値はアドミッション・ポリシーが有効に機能しているかを確認する指標として位置づけられています。たとえば、**合格率**が低い場合はアドミッション・ポリシーに掲げる入学資格の緩和を検討したり、高い場合には、入学後の学生の在籍や履修状況を追跡しながら設定している入学資格の適切性などを検討したりして、アドミッション・ポリシーの機能状況を確認します。

次に、**歩留まり率**とは、当該大学に合格し入学を許可した者のうち、実際に大学に入学する学生の比率を指し、当該大学の学生に対する「魅力」や、入学に関する一連の活動の有効性を確認する指標として位置づけられています。たとえば、入学許可後、実際に入学手続きに進んで当該大学に在籍する学生の比率が高い場合、他の大学ではなく当該大学を選択したという側面から、学生に対して魅力的であったとみなすことができます。一方、入学許可後、入学しなかった学生の比率が高い場合、当該大学は学生に対して魅力的でなかったということになります。また、入学許可後に入学しなかった原因を調査解明し、それが入試に関する一連の活動（手続きの過程での窓口応対の不備、手続きの過程や書類がわかりにくいため学生が入学を辞退したなど）に起因するのであれば、その対策を検討する材料となります。

▶ ①-4　経済的支援

この歩留まり率と深く関わっているのが**経済的支援**です。昨今のアメリカにおいては、大学教育を受けるための費用が上昇しており、奨学金や授業料の割引といった学生への経済的支援が進路選択において非常に重視される現状があります。そのため、経済的支援を中心に、大学はどのような支援制度を提供するのかという情報を効果的に発信することが要求され、そこで用いられているのがマーケティングの手法です。マーケティングとは、商品またはサービスを購入する可能性のある潜在的な顧客に対して、関連する情報を提供して購買に至らしめる活動の総称とされます。実際の大学の業務におい

ては、潜在的な顧客を先述の教育パイプラインを通じて特定し、大学の概要と特徴、奨学金をはじめとする経済的支援などの関連する情報を提供することで、当該大学の教育サービスの購入（入学）を喚起する活動というふうに捉えることができます。この活動に用いる経済的支援に関する情報については、学生管理、州や連邦政府の政策、政治や経済情勢など、複数の要素が複雑に絡み合う中で検討し、どのような学生を対象にするのか、どれぐらいの金額とするのか、どのような種別とするのか、などを決定していくことになります[3]。したがって、入学関連部署のみでは完結できない要素を含んでおり、特に、次に述べる学生の中退を予防し卒業に至るまで支援することが重要です。このため、最終的には大学全体として判断することになります。

以上、EMのうち、学生募集に関する代表的な業務を概観してきましたが、その根底には潜在的な学生に入学を働きかけるための時間とコストを無駄にすることなく、授業料収入という経営上の課題にも対応するといったことがあります。また、これらの情報は学年別の在籍者数、あるいは学生募集活動の有効性の確認、次年度以降の活動のための学内資源配分の割り当てなどの参考情報としても用いられます。

3　学生フロー

次に、EMの2つ目の業務である**学生フロー**については、学生を単年度ごとの入学、中退、転学というように断片化するのではなく、キャッシュフローのように大学全体あるいはコースに在籍する学生数の変化や推移として捉える業務を指します。より具体的な業務として、②-1　中退行動の理論的解明、②-2　学習準備、②-3　クラス配置、②-4　カリキュラムと成績評価、②-5　キャンパスの雰囲気（Campus Climate）があります。

▶②-1　中退行動の理論的解明

中退行動の理論的解明については、学生の中退がキャンパス・コミュニ

---

[3]　小林・劉（2013b）などを参照してください。

ティにとって、経済面・心理面に多大な影響を与えるため、その原因の特定が重要となってきます[4]。学生募集に多大な時間と費用を費やし、大学として教育プログラムを準備しているにもかかわらず、学生の中退行動が起きることは、教育の質を問われるのみならず財政的効率性の観点からも課題となるからです[5]。

中退行動に影響する要因は複数ありますが、以下では、代表的なものを取り上げます。

▶ ②-2 学習準備

まず、入学者の学習準備状況については、一般的に2つの指標が使われているようです。1つ目は、高校における成績順位や特定のコースにおけるGPAなどの当該高校での学力、そして2つ目は、高校における学習成果を測るために開発された学力標準テスト[6]の点数です。この2つの指標は、大学にふさわしい学生を選定する入学者選抜の基準となります。

▶ ②-3 クラス配置

次に、受け入れた学生を適切なレベルの履修科目に振り分けるクラス配置があります。入学後のクラス配置が不適切であれば、特に学習準備が不十分な学生は学習に苦労し、中退する可能性が高くなります。そのため、上述した高校在学時における学力に関する2つの指標や、履修前に学力を確認するためのプレースメント・テストを実施するなどして、学生の学力に合った入門科目や履修条件などを検討することになります。

---

(4) アメリカIR協会発刊のIRハンドブックによると、学生の中退行動を理解するためのモデルとして、「相互影響論モデル（interactionist models）」、「自然主義的モデル（naturalistic models）」、「システムモデル（system models）」の3つの類型が挙げられています。昨今は、学生に関する従来の変数（入学試験の成績、出身高校のランク、性別、人種など）のみならず、学生支援や学習支援プログラムへの登録状況、学習機会、成績評価、教育目標など、大学の教育方針そのものを含めて検証する「システムモデル」が多用されているようです。詳細は、ハワード編（2012）、37-41頁を参照してください。
(5) 第5章第1節「調査と統計の技法」（◯73頁）も参照してください。
(6) 代表的なものとして、American College Testing Program（ACT）が行うScholastic Ability Test（SAT）が挙げられます。

▶ ②-4　カリキュラムと成績評価

　クラス配置に加えて、カリキュラムと成績評価の適切性の確認も重要となってきます。たとえば、それらが学生が実際に選択する科目や履修の順番と整合しているか、進級を決める主要科目の合格率は適切か、開設している科目の成績分布や学生のGPAなどの数値から科目間で成績評価のバラツキがないか、といったことの分析が考えられます。特に、進級を決める主要科目の合格率が低ければ、不合格となった学生は中退するリスクが高くなるため、そうした学生の特性、その後の履修と在籍状況といったことを追跡していくことが求められます。併せて、合格率に影響する要因が学生の学力不足によるものか、科目間の接続の問題なのか、担当教員の教え方の問題なのか、といったことを分析し、学生の学習を阻害する要因を特定することが要求されます。

▶ ②-5　キャンパスの雰囲気

　さらに学生の中退防止には、キャンパスの雰囲気も重要視されます。キャンパスの雰囲気とは、「個人が大学の諸環境について抱く認識」を指し、学生が大学に対してよい印象を持っていれば、学生の学びへの意欲は高まり、順調に卒業していってくれることが期待できます。逆に、学生の大学に対する印象が悪かったり、キャンパスライフへの干渉が行き過ぎていたり、学生の学習意欲をそぐようなことをしていたりするようであれば、学生は大学を中退していくかもしれません。アメリカではマイノリティ学生、あるいは人種・民族への差別がときとして問題になることがあり、その実態把握と対策も要求されます。これらの業務に共通するのは、好ましいキャンパスの雰囲気を醸成するための要素を調査・分析し、学生が大学にとどまり、卒業していってくれるために必要なことを逐次、報告するという点です。

　なお、これらの取り組みが機能しているかを確認する指標として用いられるのが「進級率（retention rate）」と「卒業率（graduation rate）」です[7]。アメ

---

(7)　これらの指標に加え、昨今は2年生以降に継続して在籍する学生数を表す継続率（Persistence rate）、学位取得までの平均的な期間を表す在学年数（time-to-degree）なども用いられています。

リカの多くの高等教育機関（特にコミュニティ・カレッジ）では、すべての学生が学期終了後、翌学期も大学に戻り、継続して在籍してくれるわけではありません。特に、1年生から2年生までのフルタイム換算（FTE）の学生の在籍継続率は平均で70％程度（パートタイムの学生においては40％程度）で推移[8]しており、どのようにして1年生を2年生に進級させるかが多くの大学に共通する課題となっています。そのため、学期ごとに在籍継続率を計算し、上述した一連の取り組みのどこに問題があるのかを特定し、その対策を検討する際の重要指標として用いられています。

以上、EMのうち、学生フローに関する代表的な業務を概観してきましたが、その根底には入学した学生をいかにして大学に在籍させるかということがあり、それを阻害する要因を特定するための調査・分析業務と言えます。

▶EMの推進にあたって

一方、先述の学生募集を含め、EMを推進するうえで、IRがどのようにデータを使うか、ということが非常に重要になってきます。EMの推進にあたっては、大学内外の幅広いデータを必要とするため、関連データの所在、データを収集する方法、データの管理者、そしてデータへのアクセス方法を理解することが不可欠となります。また、データは必ずしも分析のために収集されているわけではないため、場合によっては、収集のタイミングやフォーマットをも現場の方々に変更してもらうこともあることから、各部署と良好な関係を保つことも重要となってきます。したがって、データの所在や形式の把握のみならず、日頃から関係部署と緊密にコミュニケーションをとり、常に連携できる関係を築くことが肝要と言えます[9]。

---

[8] 全米教育統計局（NCES）がIPEDSを通じて収集・公開している2012年データを参照しました。IPEDSについては、第3章第2節「IRと執行部」注15（◯35頁）およびColumn 5「アメリカの大学情報公開の現状」（◯149頁）を参照してください。

[9] この点について、詳しくは第3章第3節「情報提供、意思決定支援、全学的合意形成」（◯36頁）と第6章「大学のデータを集める」（◯105頁）を参照してください。

4 EM が必要とされる背景

　なぜ、アメリカの高等教育において EM がこれほどの重要性を持っているのでしょうか。それは、大学間の学生獲得をめぐる激しい競争とそれに勝ち抜くための大学経営が常に求められているからです。そのためには、自らが提供する教育の質を保証し、外部に対して積極的に情報を開示する必要があります。

▶ 教育の質保証と説明責任

　そもそも、アメリカの大学は日本のように学生定員（人数）ではなく、フルタイム換算学生数（学生の総合計履修単位数に基づいて算出される学生総数）という考えに基づき、受け入れる学生数を大学の裁量で比較的自由に決定できます。そのことは、受け入れる学生に応じて、施設、カリキュラム、クラス配置、教員配置、といった教学上のマネジメントにおける意思決定やその決定を支える財政的な基盤が、登録学生数に依存することを意味します。また、コース間、大学間の学生移動が頻繁に起こる中で、教育プログラムの質をどのように担保し、外部に説明するのかといった説明責任を果たす必要性も高まっています。こうした実態や要請に対応するために EM が重視され、それを掌るのが IR オフィスであり、そのためのデータ収集・分析、提案活動を行っています。

　こうした状況は、昨今の日本でも看過できない問題になりつつあります。「基礎的な問題が解けない」、「友達ができない」、「将来やりたいことが見つからない」といった、従来であれば「大学が対応すべき問題ではない」とされてきたことへの対応が求められるようになってきています。実際問題として、こうした問題につまずく学生が増えており、それが中退率の上昇に関わっているという事実があります。これは、大学の経営面からも、放置しておいてよい問題ではありません。どのような形で対処するかは、大学によって異なりますが、「学生が抱える問題を、学内外のリソースをフルに使って解決する」という発想が求められており、この意味では、アメリカの高等教育機関における EM に通じるものがあると言えます。もちろん、日米で高等

教育制度は異なるため、アメリカの実例がそのまま適用できるわけではありませんが、学生の入学から卒業に至るまでの過程をしっかり調査分析し、関連部署が協働して対応などを検討していく姿勢については、学ぶべきことが多いと言えます。

5　日本の大学における EM の実践例

　日本の大学においても、たとえば、出身地あるいは出身高校別の入学状況、学生の履修および成績獲得状況、進路先の把握など、類似の業務を実施していないわけではありません[10]。しかしながら、多くの場合、個別の部署あるいは委員会などで断片的に実施・検討されており、アメリカのように学生の入学から卒業まで、一体的かつ組織横断的に展開するに至っているとは言えません。

　こうした全体的な現状の中、EM を先駆的に推進している大学もあり、ここでは、2 つの事例を取り上げます。

▶京都光華女子大学の事例——学生一人一人の確かな成長を約束する

　まず、1 つ目の事例として、京都光華女子大学の取り組みを紹介します。当校は、「入学前から卒業までトータルでサポート」をスローガンに図 7 - 1 のように EM を展開し、学生満足度 100％ をめざして、在学中の学習面・生活面はもちろん、入学前から卒業後までを一貫してサポートしています。また、学部・学科での学びとともに、キャンパスライフ全般を支援するエンロールメントを通して、学生一人一人の確かな成長を約束する学生個人を重視した総合的支援を推進しています[11]。

---

(10)　平成 24 - 25 年度文部科学省大学改革推進委託事業「大学における IR（インスティテューショナル・リサーチ）の現状と在り方に関する調査研究報告書」、図 4 - 1。
(11)　平成 19 年度に選定された文部科学省現代 GP「学生個人を大切にしたキャリア教育の推進」、平成 20 年度に選定された文部科学省学生支援 GP「学生個人を大切にした総合的支援の推進」への採択を契機に展開されています。

第7章　エンロールメント・マネジメント

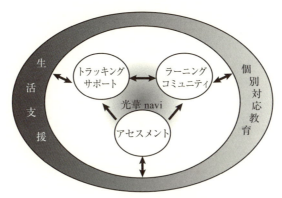

図7-1　EMの基本構想

出所：神戸大学（2013）「評価・IRシンポジウム　大学に求められるIR機能の実現に向けて」報告資料3、7頁。

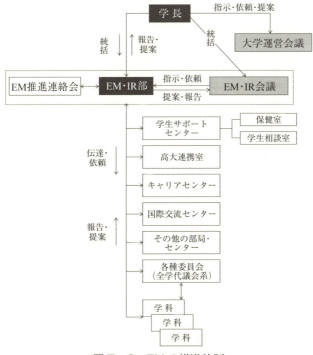

図7-2　EMの推進体制

出所：同上資料、10頁。

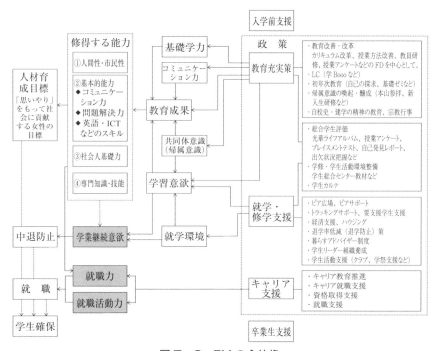

図7-3　EMの全体像

出所：同上資料、16頁。

　具体的な業務は、図7-2にある学長直轄の「EM・IR部」が推進しており、当部門は教員3名、職員7名の計10名から構成され、うち1名を除き、全員が兼務者として所属しています。

　当部門で推進している活動の全体像は、図7-3のとおりです。実際の業務のうち、主要なものとしては、中退率の把握と中退要因の分析があります。過去のデータを分析し、入試区分や入学後に所属する学科によって、中退する危険性の高い学生とそうでない学生を特定し、中退リスクを数値化しています。

　実際に入学してきた学生については、授業評価のアンケートを通じて、全般的に学生が授業に対してどのような評価を行っているかを把握したり、出席がよい学生と授業評価アンケートの結果の相関を見たり、成績優秀者とそうでない学生の比較といった分析を実施しています。また、個々の学生の成

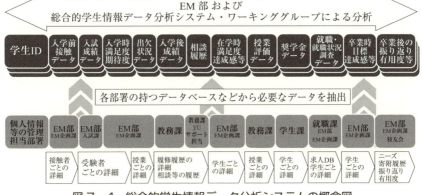

図7-4 総合的学生情報データ分析システムの概念図

出所：福島真司（2012）「山形大学型 EM コンセプトと EMIR への挑戦」大学評価担当者集会 2012、エンロールメント・マネジメントに関する勉強会報告資料、14 頁。

績や、科目および学科単位の成績分布の傾向といったことを分析しています。さらに、入学初期段階の学期（1年生前期）の成績と、その後の学期（後期）の成績の推移、学科別の成績分布の把握なども実施しています。

そして、卒業していく学生の就職状況の分析にも取り組んでいます。実際の進路先の把握にとどまらず、問題なく就職できた学生とそうでない学生との比較、学生時代の生活形態や履修状況、さらには入試情報とも結合させ、入学から卒業（就職）までを一体的に捉えた分析を実施しています。

▶山形大学の事例──学生を知りぬくために

2つ目の事例は、山形大学です。当校は、2006年にエンロールメント・マネジメントを実現するための事務組織を立ち上げ、「学生を知りぬく」ために様々なデータ分析を可能とする「総合的学生情報データ分析システム」の構築に取り組んでいます（図7-4）。

当システムの構築にあたっては、「学生を知りぬく」という目標を達成するため、学生に関する情報を統合的に扱っています。そのため、学生の個人IDを核に、学生にまつわる情報を扱う関連部署と情報収集に関するルールを整備しています。また、収集したデータを学内各所でなじみの深いマイク

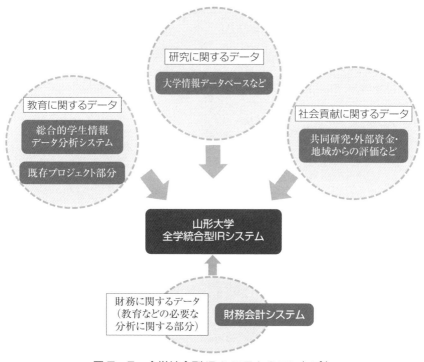

図7-5　全学統合型IRシステムのコンセプト
出所：同上資料、22頁。

ロソフト社のエクセルなどで活用できるほか、基礎的なデータ分析についてはクリック、プルダウンで必要な項目を選択できるようにして、誰もが操作可能なものにできるような工夫がなされています。さらに、**ダッシュボードに表示されたグラフをワンクリックでプリントアウトして会議に持参する**といった利用につなげています。

　当システムを通じて、たとえば、学生の成績と学生の授業に対する満足度の分析や、学生の出席状況を加えた授業への満足度に関する分析が可能になり、「よい成績をとっても、満足はしていない」学生群を特定するなどして、学生の持っている目標と、授業の内容の乖離の把握につなげています。また、従来は単体で分析されていた卒業生調査の結果について、在学中のGPA、満足度、出欠情報、入学時の入試区分などのデータと関連づけた分析を実施

し、卒業後に成功した学生の在学中のプロファイルを明確にしたりしています。そのほか、学生が「入学した理由」、「入学しなかった理由」、「中退した理由」、「満足している理由」などを徹底的に調査し、教学マネジメント、または教育における PDCA サイクルの確立に取り組んでいます。

　これら一連の EM の取り組みの成果は、入試倍率の改善や入試アドバイザーに対する高校側の高い評価に結びついたりしています。また、特定職業の採用試験に合格した卒業生とそうでない卒業生を比較し、在学中にどのような成績あるいは経験を積むことが採用試験の合格につながるかを視覚的に示したりして、学部における戦略立案を支援するデータとして提示したりしています。今後は、さらなる利活用を促進するため、研究、社会貢献、財務などの各種データを統合した全学統合型 IR システムの構築をめざしています（図7-5）。

　両校の先駆的事例を通じて、「学生のため」という大学本来の基本理念に立ち返って、各種情報を収集して分析した結果を活用する成功例を蓄積しながら、大学が抱える課題の共有と議論の契機となるデータをわかりやすく提示しつつ、関係各所とのコミュニケーションと信頼構築を推進することが EM を展開する際の重要な要素だと言えそうです。

第8章
大学の質保証と情報公開

　大学の質保証は、もとより大学にとってきわめて重要な問題ですが、とりわけ日本の大学では2000年代から重要な課題として取り上げられるようになってきました。その背景には、**大学の質保証をめぐる高等教育政策の転換**があります。すなわち、1991年の大学設置基準の大綱化まで、日本の大学の質は大学設置時、つまり入り口で厳密にコントロールされていました。しかし、大綱化以降は、規制緩和の流れの中で、自己点検・自己評価による出口のチェックとへと次第に転換したのです。さらに、教育の質保証は、認証評価を通じて行われることになり、そのデータの収集、集計、作成にIRはきわめて重要な役割を果たすようになったのです。

　本章では、まず大学の質保証の中でも、**教育の質保証とアセスメント**におけるIRの役割を説明します。次いで、**高大接続・初年次教育**という近年重要視されてきた大学の活動にIRがいかに寄与できるか、**学生調査**を例に説明します。最後に大学の質保証と関連して、重要性を増してきた**大学情報の公開**について、IRが重要な役割を果たすことを説明します。

1　教育の質保証とアセスメント

▶高等教育の質保証に向けて

　現在の日本の高等教育をめぐる課題として、「教育の質保証」が浮上しています。その契機となったのは、2008年の中央教育審議会答申でしたが、それ以降も各大学が自らの教育理念と目標に基づき、学生の成長を実現する学習の場として学士課程を充実させることが強く求められています。その後の中教審の議論を通じても一貫して学士課程の充実は重要な論点として位置

づけられ、2012年の同答申「新たな未来を築くための学士課程教育の質的転換に向けて——生涯学び続け、主体的に考える力を育成する大学へ」においては、より学習成果を意識して、アセスメント・ポリシーの確立が新たに加えられています。「アセスメント・ポリシー」とは、学生の学習成果の評価（アセスメント）について、その目的、達成すべき質的水準および具体的実施方法などについて定めた学内の方針のことを意味すると記述されています。具体的に学生の学習成果の評価にあたっては、学習時間の把握といった**学生調査**やアセスメント・テスト（学習到達度調査）あるいはルーブリック（学習到達度の査定表）など、どのような具体的な測定手法を用いたかを合わせて明確にすることが、大学がただちに取り組むことが求められる事項として挙げられています。

　実際、日本においては、高等教育のユニバーサル化が進行し、大学の入学者選抜によって従来のような入学者の質保証の機能を保持することは難しくなってきています。したがって、多様化した学力・学習目的を持った学生への大学の教育力が期待され、その結果としての高等教育の質保証を出口管理によって達成することが強く求められていると言えるでしょう。GPA（Grade Point Average）制度の活用による卒業判定や、大学全体、各学部などでの人材目標の明確化もそうした具体的方策の一例ですが、より具体的な学習成果を評価する、つまりアセスメントが加わっていることが教育の質保証に向けての新しい側面であると言えるでしょう。

　こうした教育の質保証に向けて学習成果を重視した政策動向は日本に限らず多くの国々でも導入されており、OECDのAHELO（Assessment of Higher Education Learning Outcomes：高等教育における学習成果の評価）フィージビリティ・スタディに参加した国も少なくなく、学位プログラムの中身を調整するチューニングなどはヨーロッパやアメリカでも盛んになりつつあります。

▶質保証のプロセス

　さて、各大学がFD（ファカルティ・ディベロップメント）を進め、シラバス、GPA制度、CAP制、**学生調査**などを導入し、学位授与の方針（ディプロマ・ポリシー：DP）、教育課程編成・実施の方針（カリキュラム・ポリシー：

CP)、入学者受け入れの方針（アドミッションポリシー：AP）という3つの方針を設定することを教育の質保証の「第一ステージ」だとしましょう。その次は、各大学内に散在している財政、学生、教学などに関するデータを集積、管理するというデータの一元化を促進し、さらに、教育成果を測定するために、教育に関する客観的データを集積、測定し、そしてそれらの結果を単位の実質化や学生の学習時間の確保に結びつける教育環境の整備の段階と言えるでしょう。ここでは、この段階を教育の質保証の「第二ステージ」と定義してみます。

　こうした第二ステージで、教育の質保証を促進していくために不可欠な部門と活動がIRになります。IRはアメリカの高等教育機関で1960年代に誕生したと言われていますが、実際に、アメリカの多くの高等教育機関には、教育改善のためのデータを集積、分析し、そうした情報を大学執行部に報告し、かつ大学執行部の**意思決定**に不可欠な戦略立案を策定する部門としてIR部門が常設されています。IR部門は、各大学内の教育研究活動に関する調査研究活動や財務分析を行う管理部門であり、かつ経営そのものに関わる様々な情報の入手とその分析を行い、組織管理の改革支援を行っています。大学内部の様々なデータの管理や**戦略計画**の策定、アクレディテーション機関への報告書や自己評価書の作成を主な仕事としているIR部門は、大学が教育成果を間接的に測定するための**学生調査**の開発にも深く関わっており、実際にそうした**学生調査**の結果を大学の教育改善に向けて分析し、様々な関連部署にその結果を伝えるような役割を担っていることから、組織や大学機関単体の**意思決定**に役立つような特殊な情報を提供する部門でもあります。

▶教育面におけるIRの位置づけ

　大学の経営の**意思決定**や教育の改善のために、大学内に存在するデータを分析し、活用することがIRの基本原理です。そのようなデータは、財務、施設、卒業生、教員、学生など多岐にわたっています。しかし、財務や施設に関するデータは、個別の大学の内部情報として外部に明らかにしにくい性格のものが含まれているだけでなく、他の大学と共有しにくい性格も伴っていますが、教育に関する学生のデータ、たとえば、**学生調査**結果は個別の大

学のみならず、多くの大学が共通して利用できるだけでなく、その結果を教育の効果に関する**ベンチマーク**として利用することも可能です。学習成果の測定は試行錯誤段階にありますが、教育面におけるIR機能を充実していくことにより、学習成果の測定への新たな道筋へとつながる可能性もあると言えるでしょう。具体的には、各大学が実施している授業評価や学習行動調査結果など客観的なデータに基づき分析、あるいはそうしたデータをGPAあるいはアセスメント・テスト結果やキャリア関連情報と結びつけて分析、そしてその結果を各教学部門にフィードバックするという役割をIR部門が担い、教学部門がそのフィードバックを教育改善につなげていくという活動が教学IRであり、大学の**内部質保証**システムとしてIRを機能させることにも貢献できます。

アメリカでは前述したようにIRは、教育改善のためのIRだけなく、情報を大学執行部に報告し、かつ大学執行部の**意思決定**に不可欠な戦略立案を策定するためのIR、評価対応のためのIR、教員の業績をウォッチするためのIR、学生募集のためのIRなど多岐にわたっていますが、日本では経営から、**戦略計画**、教学、研究というように幅広くカバーするIRが必要だという声もある一方で、教学部門が教育改善をめざして進める教学IRに重点を置いて進めている大学が多いことが実情と言えるでしょう。

しかし、今後はより包括的なIRが日本でも導入されていく動きも見られます。近年では、少子化の更なる進行により、経営IRに重点を置く高等教育機関も増加しつつあります。

▶アセスメントとは

教学IRは日本において独自に発展してきたIRの形態の1つとも言えますが、その教学IRを進展させ、根づかせていくうえで欠かせないのがアセスメントという学習成果の評価です。

2013年12月に実施した**全国大学IR調査結果**[1]からも、記名式、無記名式を合わせると回答した大学の83.4％の大学が学生調査を実施していることが判明しました。その中でも、学生の達成度調査や大学教育の評価調査、すなわち効果測定については、57.7％の大学が学生調査を実施しています。

表 8-1　直接評価と間接評価の差異

	測定対象	測定する方法	測定分野
直接評価	学習成果	科目試験、レポート、プロジェクト、ポートフォリオ、卒業試験、標準試験、卒業研究、ルーブリック	一般（共通）教育、専門分野、語学、資格関連
間接評価	学習の過程（学習行動、自己認識、満足度、価値観、経験など）	学生調査、卒業生調査	

　このように、日本の多くの大学が学習成果を把握するために、学生調査を実施していると言えます。学生調査は学生の自己評価によるものですから、直接の学生の学習成果を測定しているものではなく、いわゆる間接評価の代表例となります。アセスメントには直接評価と間接評価の2通りがありますが、その例と差異を表8-1に示してあります。

　アセスメント研究の第一人者でもあるT・W・バンタ（Banta）は、教育評価方法は成果に対する直接評価の一種である科目試験やレポート、プロジェクト、卒業試験、卒業研究や卒業論文、あるいは標準試験による検証と学生の学習行動、生活行動、自己認識、大学の教育プログラムへの満足度など、成果に至るまでの過程を評価する学生調査に代表される間接評価に分類できるとしています（Banta ed. 2004, pp.4-5）。直接評価は、学習[2]成果を直接に測定する方法として受け止められ、直接評価を組み入れた学習成果や教育効果を探る様々な研究がアメリカを中心に積み重ねられています（Shavelson 2010）。

　直接評価の方が適切にアウトカムを測定できるような印象を持ちやすいと言えます。しかし、成果としての直接評価（成績や試験の結果）に至る過程

---

(1)　平成24-25年度文部科学省大学改革推進委託事業。『大学におけるIR（インスティテューショナル・リサーチ）の現状と在り方に関する調査研究報告書』（2014）の43頁、図4-3より（http://www.mext.go.jp/a_menu/koutou/itaku/__icsFiles/afieldfile/2014/06/10/1347631_02.pdf）。
(2)　アメリカでは学習成果として使われているので、アメリカの文脈に合わせている場合は学習と表記している。

には、学生の大学での経験や関与、その基本となる自己の認識や価値観などが深く関連していますが、直接評価はこの過程を把握することができないという限界があります。学習成果が提示する部分だけでは教育評価としては十分ではないという視点から見ると、**学生調査**やインタビューなどあるいは授業評価で実施される間接評価は、学生の期待度や満足度、学習行動の把握や経験を把握することができ、成果につながる教育の過程を評価するという機能を伴っています。そこで、直接評価とプロセス評価としての間接評価結果の組み合わせによって、大学生活を通じての学生の成長に関する精緻な結果測定が可能になります。教学 IR の担当者は、このような**学生調査**と大学が様々に行っている標準テストや結果としての GPA などと組み合わせて分析し、大学教育の成果をアセスメントします。この点では、アセスメントは教学 IR の一部と言ってもいいかもしれません。

▶プログラムレビュー

プログラムレビューとは、自己点検評価を行い、教育プログラムを改善していくことを意味しています。また、大学が実施している様々な教育プログラムや大学が獲得した文科省の GP などのプログラムの外部評価委員による評価などもプログラムレビューの範疇に入ります。どちらも、より良いプログラムや大学改革をめざして行われ、より高い目標や内容へとつなげていくためのものですが、そのために IR 部門は情報を収集、分析し、さらには執行部や関連部署にデータや分析結果を提供することが必要になってきます。

ここでは、教学 IR という観点から、大学教育のプログラムの改善へとつながるプログラムレビューを説明しましょう。

図 8-1 には教学 IR によるプログラムレビューの PDCA を示しています。

▶データの集積

教学 IR 担当者あるいは担当部門では、教育に関するデータを収集し、集積していきます。その際、学生に関する基本的な情報、出身高校、受けた入試の形態、単位の習得状況、GPA といった成績情報など、教学に関するデータを集めなければなりませんし、全学として教学 IR を進めていく場合には、

第 8 章　大学の質保証と情報公開

図 8-1　教学 IR によるプログラムレビューの PDCA

全学生のデータを集積しなければなりません。そのため、各学部や部署に分散しているデータを集め、またデータの定義やフォーマットが異なる場合には、共通の定義やフォーマットに整えて集積することが不可欠です[3]。

▶ データの分析

　次に、これらのデータを分析するという段階に入ります。もし、記名式で**学生調査**が実施されていて、たとえば、学生の授業外学習時間や学習成果の達成度、授業での経験などを項目として聞いているならば、その学生の GPA と学習時間の関係や、専門科目や共通教養科目の履修状況との関係、汎用性スキルなどの達成度と学習時間の関係、履修科目と達成度との関係などを分析することができます。専門分野による達成度の差異や授業での経験（アクティブ・ラーニング手法の経験）なども検証することが可能となります。こうした分析を通じて、ある教育プログラムの有効性が検証できたり、逆にカリ

---

(3)　これについては、第 4 章第 1 節「大学のダッシュボードをつくる」（◯45 頁）と第 5 章第 1 節「調査と統計の技法」（◯73 頁）および第 7 章「エンロールメント・マネジメント」（◯115 頁）を参照してください。

キュラム改革の必要性などが浮かび上がってくることもあります。

▶改善へのデータ提示

次に改善へのデータ提示になりますが、この段階では、IR 担当者はあくまでもデータ分析者の場合が多く、改善へのデータを提示し、説明するのみにとどまることも多々あります。ここでの重要なポイントは、改善案を考えるのは各学部や専門分野あるいはプログラムに携わる教員が主体であって、IR 担当者はそうした改善プログラムの主体者ではないことを理解しておくことです。逆に言えば、教員にいかに改善のためのデータを理解させるか、あるいは彼ら・彼女らに改善への動機づけを持たせるかが IR 担当者の役割として重要と言えるでしょう。

▶教育プログラムの体系化と整備

この段階を経て、教育プログラムの体系化と整備につなげることができます。また、これらの過程は一過性のものではなく、継続的なデータを収集しながら、常に改善へとつなげていかねばなりませんので前ページの図 8-1 のようなサイクルで示されます。こうした一連の PDCA 過程が機能することによって、教育の内部質保証の精度が上がることにもなります。

▶教育の質保証に向けて

このように、教育成果あるいは効果という側面に焦点を当て、教学 IR を各大学での教育の質保証システムの一部として機能させることが大事です。その際、**学生調査**をはじめ、教育に関するデータをどのように集積し、測定し、そしてそれらの結果を改善にどうつなげていくかということが「教育の質保証」の前提条件となります。しかし、教育の改善が不可欠であるという認識は共有されていても、客観的なデータよりも、教員個人の主観や経験値に基づいて評価している大学も少なくないでしょう。

2013 年の**全国大学 IR 調査**では、**学生調査**を実施している大学は 80% を超えていましたが、各校はそれらのデータを適切に分析し、教育の質保証に結びつけていくことが大事です[4]。大学が社会的責任を果たすためには、

エビデンスに基づいた分析・評価が不可欠であり、IR はそのための有効な装置であると言えるでしょう。さて、2019 年には文部科学省により、「全国学生調査」の第 1 回試行調査が実施されました。2024 年度には第 4 回の試行調査の実施が予定されています。「2040 年に向けた高等教育のグランドデザイン（答申）」（平成 30 年 11 月 26 日中央教育審議会）において、学修者本位の教育へ転換を図るとともに、各大学が教育成果や教学に係る取組状況等の大学教育の質に関する情報を把握・公表していくことと社会が理解しやすいよう、国が全国的な学生調査等を実施して、公表することが提言されたことが、この動きの背景です。文科省の WEB サイト[5] によると、学修者本位の教育への転換を目指す取組の一環として、全国学生調査を実施し、学生の学びの実態を把握することにより、1. 各大学の教育改善に活かすこと、2. 我が国の大学に対する社会の理解を深める一助とすること、3. 今後の国における政策立案に際しての基礎資料として活用するためと説明されています。

2　高大接続・初年次教育と学生調査

　近年、日本の高等教育を取り巻く環境変化は著しく、学力・学習目的・学習動機・学習習慣の多様な新入生を受け入れる大学が急増しています。初年次教育を大学生への移行を支援する教育として位置づけるだけでなく、「高校四年生のための教育」といった高校と大学の接続の側面を意識した教育として捉える動向も生まれつつあります。この動向からは、従来、中等教育までの普通教育機関とは異なり、専門教育を担当する機関として、学校教育法によって扱われてきた高等教育機関に、新たな教育接続という視点で教育を提供することが求められているのかもしれません。

---

(4)　資料「日本の大学における IR の現状」（◯187 頁）を参照してください。
(5)　「全国学生調査」（https://www.mext.go.jp/a_menu/koutou/chousa/1421136.htm）。

▶高大接続・初年次教育の日米比較

　高大接続の定義は、入試選抜、教育、学生の発達と幅広く捉え、教育接続においては、教育制度、カリキュラム、教育方法、内容面と限定的に捉えることができます。高校と大学の教育接続という視点で見ると、初年次教育は高校から大学への円滑な移行を支援する教育として、大学で必要となるスキルの育成や姿勢の醸成を意図した内容で構成されています。日本における初年次教育は、2000年代に入って多くの大学で急速に導入され、急激に拡大し、文科省調査[6]によると2013年現在で初年次教育を導入している大学は94%にのぼっています。

　しかし、アメリカと日本の4年制大学で初年次教育が重視する内容の比較調査を参考にすると、アメリカの大学の方が「大学への帰属意識」を除いたすべての内容への重視度得点が低くなっています。日米における教育接続の状況を考察してみると、大学での学習を円滑に進めていくうえで不可欠な、「レポートの書き方」「論理的思考力や問題発見・解決能力」「図書館の活用方法」「口頭での発表技法」などは、日米の大学が重視している共通項目ですが、日本の大学の重視度がアメリカの大学よりも高くなっています。単純にこの数値から日米を比較することはできませんが、ある示唆を与えているようです。

　日本の大学教育で求められるレポートの書き方や口頭発表の経験が、日本の中等教育でそれほど経験する度合いが高くないということに注視してみると何が見えてくるでしょうか。大学教育が目標とするレポートは、「分析型」「問題発見型」「問題解決型」あるいは「探求型」です。一方、高校生の多くはセンター入試や個別大学での論文試験対策として、小論文を経験することも少なくありませんが、それらは「事実認識型」「要約型」「感想型」といった類型に分類されます。現在、多くの高校は学習指導要領に定められた内容を高校卒業までに、多様な生徒を対象に実施しなければならないという状況に腐心している結果、口頭発表の機会を提供することは一部の中高一貫校や、

---

[6] 「平成25年度の大学における教育内容等の改革状況について（概要）」から（文科省・大学振興課大学改革推進室）

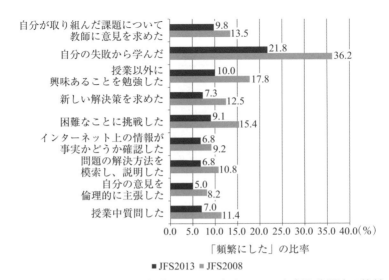

図8-2　高校時代の学習行動の2008年と2013年新入生調査の比較

大学付属の高校を除けば限られ、高校生が高校教育を通じて論理力涵養、問題発見や問題解決の機会を経験することは多くありません。また、大学受験への対処として、高校で「知識注入型」の学習形態が多いことも暗黙の了解とも言えるでしょう。つまり、論理力、問題発見、解決力といった目標に向けての教育方法として効果的だとされるディスカッションや口頭発表の機会、あるいは探求型レポートなどを書く機会は限られており、この点における高等教育と中等教育との接続性はあまり見られないのです。

　アメリカの初年次教育への重視度が日本よりも低い要因として、様々な教育接続制度の存在が関係していますが、幼稚園から高校までをK12[7]と捉える教育接続概念が近年は幼稚園から大学までをK16という枠組みで捉える動きへと拡大しています。このように、大学と高校が協力して高校卒業までの到達すべき学力水準を設定する、つまり大学での学習の備えになる仕組み、いわゆるK16という概念も新しい高大接続の枠組みであると言えるで

---

[7]　KはKindergartenの略で、K12は中等教育の修了までの12年、K16は大学教育修了までの16年と数えるところからきています。

第Ⅲ部　IRの主な実践例

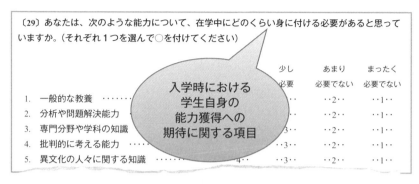

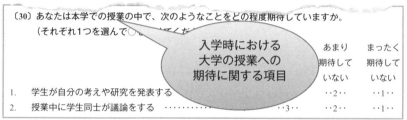

図8-3　JSAAPの項目例

出所：ジェイサープ研究会（2015）。

しょう。図8-2は、ジェイサープ（JCIRP）と呼ばれる**学生調査プログラム**[8]の新入生調査2008年と2013年データを比較したものです。JFS（新入生調査）2008年には国立大学から3,713名、公立大学から1,078名、私立大学から14,870名の合計19,661名が参加し、JFS2013年には、国立大学から4,497名、公立大学から940名、私立大学から10,082名の合計15,519名が参加しました。図8-2は高校時代の学習行動を尋ねたものです。その結果からは、積極的な学習行動をとっている高校生はJFS2008年および2013年調査のどちらにおいても高くなく、2008年よりも2013年の方が積極的な学習行動をとった新入生の比率は下がっていることが読み取れます。図8-3

---

[8] 山田礼子・森利枝らが参加し開発した学生調査をジェイサープ（JCIRP）と呼んでいます。ジェイサープには新入生調査（JFS）、大学生調査（JCSS）、短期大学生調査（JJCSS）がありますが、2014年から事業化し、ジェイサープ（JSAAP）と名称が変更になりました。

にはジェイサープ（JSAAP）の項目例を示していますが、複数の項目の分析を組みあわせることで様々な学生の学習行動やモティベーションを把握することができます。

▶新たなニーズを掘り起こす教学IR

　このように学生調査のデータを通じて、大学生の多くが高校時代に大学での学習を円滑に進めていくうえで基盤となる積極的な学習行動を身につけていないことが把握できます。そして、初年次教育の意味は、こうした新入生を大学での学習や生活に円滑に移行させていくことにあります。またデータの分析を通じて、以前よりも初年次教育が高校と大学との教育接続の機能を果たすことが求められるようになってきていることが把握できます。

　一方で、学生調査データには、高校時代に何を大学で勉強したいかを見極めて専攻分野をめざしている高校生の存在と、彼らの強い動機づけが示されています。こうした高校生は大学での学びに期待を持ち、かつ学習意欲も高いことから、このような学生を対象にした初年次教育の構築が新たな高大接続モデルの1つでもあります。いままで学習意欲の高い学生を対象とする初年次教育は日本ではあまり提供されてきませんでした。しかし、学生調査やそれをもとにした教学IRが機能してくると、新たなニーズの掘り起こしにもつながり、日本の大学での新しい初年次教育プログラムの形が提供できる可能性も出てきます。初年次教育が高校から大学への円滑な移行を支援するというだけではなく、最初からモティベーションの高い学生をさらに伸ばしていくための第一歩となるような機能を提供できるという新しい形です。

　こうして見ると、教学IRの意義はデータ分析とその提示と教育改善というサイクルだけではなく、新たな可能性へのステップにもあることがわかります。

3　大学情報公開と大学ポートレート

　本節では、IRの視点から大学情報公開について検討します。近年、日本の大学でも、情報公開は急速に進められてきています。一部の教育情報につ

いては、2011年に公開が義務化されました。説明責任（アカウンタビリティ）と評価と**質保証**重視の傾向が、大学情報公開を促進しています。本節では、こうした大学情報公開の意義と背景を説明します。情報公開が進んでいるアメリカの大学ではIRが重要な役割を果たしています。大学の情報公開や交換のための**コンソーシアム**が発展していることが特徴で[9]、またIPEDS（全米の高等教育機関を対象とした包括的なデータベースシステム）が大学情報公開に非常に効果を発揮しています[10]。こうした大学情報公開とIRの関連について説明した後で、日本でも2015年度より稼働した大学ポートレートについて簡単に紹介します。

▶大学情報公開の意義

　情報公開は大学にとって、かつてないほど重要となってきています。その背景として主に次の3つが重要です。第1に、大学の質保証と質の向上の観点から、大学情報を明らかにし、大学の透明性を高めることが必要となったことです。第2に、グローバル化の中で、国内だけでなく国外にも大学の情報を公開していくことが重視されています。学生や研究者の国際的な移動のためにも、大学が何をしているかを明らかにしていくことが求められています。第3に、高等教育の市場化の中で、学生・親といった高等教育の買い手に対して十分な情報を提供することが求められるようになったことです。市場メカニズムが機能するための1つの条件は、完全情報、つまり売り手の大学に関するすべての情報が買い手に事前に与えられなければならないということです。これまで偏差値が大学の選択の重要な基準でしたが、少子化の中で、受験者が減少し、入試圧力が減るとともに、大学について、偏差値以外の情報を求める傾向がますます加速しています。

　これまで日本の大学は情報公開に積極的ではありませんでした。しかし、このような状況の変化の中で大学情報公開の重要性がとみに高まっています。

---

(9)　第9章「IRコンソーシアム」（◎153頁）と *Column 7*「アメリカの大学のデータコンソーシアム」（◎165頁）を参照してください。
(10)　IPEDSについては、*Column 5*「アメリカの大学情報公開の現状」（◎149頁）を参照してください。

大学が高額の授業料を取ってどのような教育をしているか、公費を投入して社会に対してどのような貢献をしているか、大学の説明責任が問われています。

　また、大学情報公開はこうした学外への情報発信のためだけのものではありません。情報公開のためには、自分の大学の活動を把握することが不可欠です。情報公開のために集めたデータを分析し、改善につなげることができます。このように、大学情報公開は IR としても重要な意義を持っているのです。逆に言えば、大学情報公開を進めるためには、大学の IR 活動を組織化することが不可欠と言えます。

▶大学情報公開の難しさ

　こうした大学情報公開に際して1つの難しい問題は、公開される情報をどのように定義し、カウントするかということです。たとえば、教員について言えば、特任教授、特命教授、招聘教授など、近年様々な職名が登場しています。こうした様々な教員を一律に教員としてカウントすることは困難です。この場合、専任教員だけに限定する方法が考えられます。しかし、それでは専任以外の多くの教員を擁する大学の場合には実態と乖離します。さらに、この場合にもどこまで専任教員としてカウントするか、グレーゾーンは常に残ります。また、フルタイムとパートタイムの換算問題（Full Time Equivalent: FTE）も常に問題となります。たとえば、ST 比（教員1人当たり学生数）を小さくしたい場合には、教員数を多くする一方、教員1人当たり論文数を大きくしたい場合には、教員数を少なくするのです。このため、教員数をどのようにカウントするか、大学が数値を操作できるという問題が発生します。この点が大きな課題となります。

　また個別の大学による情報の公開と、個別大学の情報を収集した大学情報データベースの公開は必ずしも同じではないことにも注意する必要があります。先に述べた大学の発展や高等教育研究の推進あるいは政策や個別大学へのフィードバックという観点からは、大学情報データベースの公開が望ましいということは言うまでもありません。しかし、このデータベースの公開の程度には各国間に大きな相違があります。たとえば、日本の「学校基本調査」

にあたる、アメリカの IPEDS はすべて個別大学の情報が公開されています。これに対して、「学校基本調査」の個別大学のデータは現在のところ一部しか公開されていません。これをユーザーがベンチマーキングのために利用することはほとんど不可能となっています。

▶共通フォーマットによる大学情報公開の重要性

大学情報公開は、単に大学の情報を志願者や保護者などに伝えるためだけでなく、大学が、納税者・学生・大学関係者など様々なステークホルダーに対して大学の現状を明らかにし、透明性を高めることを通じて説明責任を果たし、さらには大学の質保証および質の向上を図るために重要な役割を担っています。

こうした大学情報は個別大学のホームページなどで公開されていますが、提示される情報やフォーマットがばらばらで、大学情報を比較したい者にとっては使い勝手が悪いものです。大学側にとっても、共通フォーマット情報があれば、それを利用して自大学と他大学と比べて自大学の強みと弱みを明らかにするベンチマーキングができます。単なる数字データだけでなく大学に対する認識をメンバー間で共有できるようになり、大学の内部改革やガバナンスの強化につなげることができます。つまり、IR にとって、共通フォーマットによる情報提供はきわめて重要な意義を持ちます。

他方、共通フォーマットによる適切な情報提供は志願者や保護者にとってもきわめて重要です。不確かな、あるいは誤った情報に基づいた大学選択は、入学後に大学に期待するものと大学が提供するものの間にミスマッチを起こす可能性が高くなります。これが中退などにつながれば、学生や保護者だけでなく、大学、さらには社会全体にとって時間的金銭的に大きな損失になります。

個々の大学も学内外から微妙に異なる定義やフォーマットで様々な情報の提供を要請されることが多いため、そのたびに修正して情報を提供しなければならず、かなりの負担になっています。これに対して、アメリカの大学は、コモン・データ・セットと呼ばれる共通のデータ・フォーマットを作成し、公開しています[11]。大学情報公開によって、このように大学の負担をむし

ろ軽減することも可能となります。

　また、ほとんどのアメリカの高等教育機関の詳細なデータはIPEDSに収録され、誰でも利用できます。また、このデータを用いたカレッジ・ナビゲーターなどの大学情報公開システムもあります。これ以外にもカレッジ・ポートレート、スクール・スコアカードなど様々な大学情報が共通フォーマットで公開されています。

　日本でも2011年に大学情報公開の一部が義務化されましたが、共通フォーマットによる情報提供には至っていません。このため、共通フォーマットによる信頼のある大学情報の提供が喫緊の課題となり、大学ポートレートの創設が進められるようになったのです。

▶日本の大学情報公開

　日本の大学情報公開は、アメリカや韓国に比べて著しく立ち後れています。それでも2011年4月1日から「学校教育法施行規則」が改正され、次の9項目について、大学の教育研究活動などの状況の公表が各大学の義務として求められることとなりました。

① 大学の教育研究上の目的に関すること。
② 教育研究上の基本組織に関すること。
③ 教員組織、教員の数並びに各教員が有する学位及び業績に関すること
④ 入学者に関する受入方針及び入学者の数、収容定員及び在学する学生の数、卒業又は修了した者の数並びに進学者数及び就職者数その他進学及び就職等の状況に関すること。
⑤ 授業科目、授業の方法及び内容並びに年間の授業の計画に関すること。
⑥ 学修の成果に係る評価及び卒業又は修了の認定に当たっての基準に関すること。
⑦ 校地、校舎等の施設及び設備その他の学生の教育研究環境に関すること。

---

(11) *Column 5*「アメリカの大学情報公開の現状」（◯149頁）を参照してください。

⑧ 授業料、入学料その他の大学が徴収する費用に関すること。
⑨ 大学が行う学生の修学、進路選択及び心身の健康等に係る支援に関すること。

▶ 大学ポートレート

　大学における情報公開の促進のための**データベース**として、大学ポートレートは2014年度に設立されました。以下、大学ポートレートの意義と現状について簡単に紹介します。

　まず、大学ポートレートの要点を以下のように示します。

- 参加は個々の大学の判断に委ねられます。
- 国公立大学は大学評価・学位授与機構のデータベース、私立大学は私学振興・共済事業団のデータベースを用いますが、ユーザーからはヴァーチャルに1つのデータベースに見えるように設計されています。
- 最も重要なユーザーとして受験生とその保護者を想定しています。
- 掲載項目についてはユーザーを重視し、教育や学納金や生活環境に関する情報を中心に提供します。必須項目だけでなく、大学の選択に委ねる任意項目も多くなっています。
- 大学の負担を増加させないように工夫することになっています。
- 英語版も作成する予定となっています。

　今後は、大学ポートレートをどのように運営していくのかが大きな課題です。大学ポートレートは大学評価・学位授与機構に置かれた大学ポートレートセンターと同運営委員会による運営を始めたところですが、これをどのように具体化していくかは今後の展開に待たなければなりません。いずれにせよ、個々の大学の参加と主体的積極的な取り組みが活性化のためには不可欠であることを強調したいと思います。

　大学ポートレート、さらに大学情報公開は、一見、単なる情報の公開だけだと思われがちかもしれません。しかし、大学と社会の関係、大学間競争、さらには大学内部にも大きなインパクトを与える可能性があります。公開情報を利用して各大学は他大学と**ベンチマーキング**することによって、自大学

の強みと弱みを明らかにすることができ、自大学に対する認識を学内で共有することができます。つまり、IR にとってはきわめて重要なデータを提供するものです。また、アメリカのように、大学情報公開によって実証的な研究が飛躍的に進展する可能性もあります。

　もちろん、すべていいことずくめではありません。大学情報が公開されれば、大学のランキングにも利用されることは間違いないところです。情報公開による「風評被害」を懸念する声も私学関係者には根強いものがあります。それでも、大学ポートレートが、IR を通じた大学改革の静かな、しかし着実な一歩となることが期待されます。

Column 5

アメリカの大学情報公開の現状

　大学情報の公開に関しては、日本では、2011 年に教育に関する情報の公開が義務化されました。公開する項目は、本章第 3 節「大学情報公開と大学ポートレート」（◯143 頁）を参照してください。ここでは、各国の大学の情報公開の現状、とりわけアメリカの数多い大学情報の公開システムの中から IPEDS とコモン・データ・セットを紹介します（詳しくは、小林編（2014）、小林（2009）、小林・劉・片山（2011）、森（2012）を参照してください）。

IPEDS

　アメリカの連邦政府レベルで、大学に関する調査統計情報を提供しているのは、全米教育統計局（National Center for Education Statistics: NCES）で、NCES は様々な教育に関する統計や調査を実施する連邦教育省下の組織です。

　こうした NCES の様々なデータの中でも個別高等教育機関に関しては、「中等後教育総合データシステム」（Integrated Postsecondary Education Data System: IPEDS）が最も網羅的なものです。日本で言えば文部科学省の「学校基本調査」にあたるものです。しかし、約 6,700 の個別高等教育機関の学生数・教員数・学位取得・継続率・卒業率などの機関特性のほか、授業料や学生支援や財政についても個別のデータがすべて公開されているという点が大きく異なっています。

　IPEDS にデータを提供している高等教育機関には、すべて連邦学生支援の受給資格があります。逆に言えば、連邦学生支援の受給資格を得るためには、IPEDS にデータを提供しなければなりません。連邦学生支援受給資格を持つことは、アメリカの高等教育機関では最重要な要件です。アメリカの連邦政府奨学

金は給付奨学金が多いため、大学にとっては間接的な収入源となっています。また、学生も連邦奨学金を見込んで進学先を決定する者が多いため、連邦奨学金の受給資格を得ようと各高等教育機関はIPEDSを通じた情報公開に積極的にならざるを得ないのです。これは、アクレディテーションの場合もまったく同様です。このように政府が単に情報の提供を求めるのではなく、それを確保する仕組みが組み込まれています。これはもともと政府の介入を嫌うアメリカで採られてきた知恵であると言えます。

ただし、IPEDSにも、データの定義などの大きな問題から技術的な小さな問題まで様々な問題があり、これに関しては、多くの論文やレポートが出されています。

IPEDSにデータを提供すると、大学ごとにFeedback Reportが作成されます。たとえば、Georgetown Universityの例は以下のURLにあります（https://georgetown.app.box.com/s/kyeb86uwwqlc241a1vlj）。

このレポートではピア校との比較データなどが掲載されており、ベンチマーキングができるようになっています。また、ピア・グループを変えることもできます。詳しくは以下のNCESのホームページを参照してください（https://surveys.nces.ed.gov/ipeds/ViewContent.aspx?contentId=24）。

また、IPEDSはあまりに膨大なデータのため、一般の大学志願者や家庭では有効な情報を取り出すことが難しくなっています。また個々の高等教育機関は自己のIPEDSデータをすべて公開しているわけではありません。このため、NCESのIPEDSのWebサイトには、カレッジ・ナビゲーターというページがあり、ここで個別高等教育機関について、所在地・学生数・授業料・奨学金・卒業率・取得可能学位など基本的な情報を得ることができます。

コモン・データ・セット（CDS）

コモン・データ・セットは、大学に関する基本的な情報を、統一したフォーマットで提供するもので、大学と出版業界とりわけランキングや大学情報提供雑誌などが協力して推進しているものです。大学情報を求める情報産業と公開データの作成に膨大な労力を費やしてきた大学が、統一フォーマットを作成することで、お互いの利益を図ろうとする試みです。アメリカでは政府と高等教育機関あるいは学生との仲立ちとなる中間団体が非常によく発達しています。カレッジボードは代表的な高等教育の中間団体で、高等教育機関に関する情報提供や各種の研修会を行うほか、大学進学適性テスト（SAT: Scholastic Assessment Test）のオーナーでもあります。コモン・データ・セットではカレッジボードとUSニューズ・アンド・ワールド・レポートとピーターソンが出版側を代表しています。

コモン・データ・セットに含まれる情報は、大学所在地・設置者・共学などの大学特性、学期制・授与学位・学位取得数、在学者数・卒業率・継続率、志願者数・合格者数・入学者数・アドミッションポリシー、高校での望ましい履修科目・選抜基準（GPA、SAT、面接など）・新入生のSAT得点、学費・学生生活状況（クラブ参加率・通学生比率など）、学生支援（平均奨学金額・奨学生率など）、教員・クラスサイズなど、きわめて多岐にわたります。特に入試や奨学金に関しては、非常に詳細なデータが求められています。しかし、個々の大学はこのすべてのデータを公開しているわけではありません。なお、上記のデータの中には、IPEDSなどのデータがそのまま掲載されているものも多くなっています。

その他の国の大学の情報公開

EUではU-MAP、イギリスではUNISTATが創設され、共通フォーマットによる大学情報を提供しています。これについては、すでに日本で紹介されていますが、新しくKey Information Set（KIS）という個別大学情報公開の動きも進んでいます。これに対して、韓国はすでに大学教育協会の大学教育公示センターが、100項目以上の個別大学情報を公開しています。これらについては『IDE 現代の高等教育』No.542（大学情報公開の新段階）2012年を参考にしてください。

Column 6　大学評価と質保証

大学の質保証は、元来は、大学の自治に委ねられていました。日本でも現在まで基本的にはこの性格は継承されており、1991年に大学の質保証のための自己点検・評価が大学設置基準の大綱化とセットで導入されましたが、あくまで大学側による自己点検・評価が質保証のために求められるものでした。しかし、その後、自己点検・評価以上に質保証を担保する仕組みが必要とされることとなり、2002年には認証評価制度が発足しました。

評価・質保証の背景

こうした大学の質保証と評価をめぐる改革動向の背景は以下のとおりです。まず第1に、高等教育の大衆化が挙げられます。大学進学率が上昇し、大学や学生が増加するにつれて、古典的な大学自治やそれに基づく自己点検・評価だけでは、質保証の仕組みとして不十分であることが次第に明らかになりました。第2に、公財政の逼迫により、補助金支出には限りがあることから、効率的な資源配分が必要とされ、このため、評価が重要な役割を果たすことが期待されるようになり

ました。しかし、競争的資金をめぐる高等教育の擬似市場化は、外部資金を獲得する力のある大学とそうでない大学の二極分化を進展させ、かえって、外部資金に乏しい大学の質の低下をもたらす傾向が顕著になっています（小林2009）。こうした傾向は、ST比（教員1人当たり学生数）の増大や非常勤講師による授業の増加あるいは、学生1人当たり教育費の減少などで確認することができます。

　このような状況において、大学評価は、資源配分と関連してますます重要な役割を担うこととなっています。古くからアクレディテーション団体（Accreditation Bodies）による、自己点検・評価に基づく基準認定を質保証の中核としているアメリカの大学だけでなく、政府による大学認可とコントロール制度を持つ日本や中国、さらにはチャーター（Royal Charter）による大学の設置認可制度を持つイギリスでも、次々に評価機関が創設されています。イギリスの大学の質保証機関（Quality Assurance Agency for Higher Education）や中国の教育部高等教育教学評估中心、あるいは日本の大学評価・学位授与機構や大学基準協会のような認証評価機関です。これらの評価機関は、政府との距離と事前コントロールか事後チェックかによって、次の図のように、分類することができます。

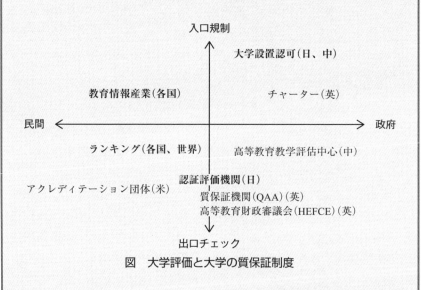

図　大学評価と大学の質保証制度

　こうして大学自身ではない第三者評価が現在の大学の質保証のため、大きな役割を果たすようになってきました。しかしながら、他方で、大学自身の質保証と質の向上のために、ベンチマーキングは大きな役割を果たすことが期待できます（詳しくは第5章第3節「IRと大学ベンチマーキング」（◯95頁）を参照してください）。

第9章
IRコンソーシアム

　IRコンソーシアムは、大学のIR活動と密接に関連する組織活動です。IRは、様々な情報を扱うため、またベンチマーキングのために、他大学とデータや情報を交換することが求められます。しかし、こうした重要なデータや情報を交換するためには、一定のルールに基づいた組織的な活動が必要です。本章では、コラムでアメリカの情報交換コンソーシアムの例を紹介するとともに[1]、日本で活動している代表的な2つのIRコンソーシアムを紹介します。

1　大学IRコンソーシアム——4大学IRネットワーク[2]

　現在、学生の視点を重視し、学生に確実に成果を身につけさせるといった学生本位の改革が求められています。大学IRコンソーシアムの目的は、IRの推進を通じて連携大学間の「相互評価」を活かし、教育の質保証の枠組みの整備を進め、この学生本位の改革をめざすことにあります。大学IRとは、大学運営や教育改革の効果を検証するために大学内の様々な情報を収集して数値化・可視化し、評価指標として管理し、その分析結果を教育・研究、学生支援、大学経営などに活用する活動です。大学IRコンソーシアムは、同志社大学、北海道大学、大阪府立大学、甲南大学による文部科学省の「戦略的連携取り組み事業」に採択された補助金事業が基盤となっています。この事業では、4大学が国公私立4大学IRネットワークを形成し、設立主体も

---

(1)　Column 7「アメリカの大学のデータコンソーシアム」（●165頁）を参照してください。
(2)　本節の記述は2016年の執筆当時の状況であり、現在の加盟校数や活動状況などはカバーされていない。

第Ⅲ部　IRの主な実践例

　立地も規模なども異なる大学間の垣根を越えて共通の学生調査を実施し、学生の学習行動、学修成果、教育の効果などに関する基礎データを蓄積し、分析してきました。さらに各大学内に散在している学生の教務データや入学関連データ、各大学の基本情報を収集・管理し情報を一元化するシステムの開発により、個別の大学での教育効果の測定および連携大学間での「相互評価」を可能にしました。

　IRには、個別大学内での改善のための調査・分析と、IR先進国ですでに行われている**ベンチマーキング**のための複数機関間比較や全国調査による自機関の相対的な位置づけのための調査・分析という2つの機能があります。連携取り組みで行う「IRを通じての相互評価」の主要な課題は、後者のベンチマーキングのための複数機関間比較を通じて、教育課程の充実へと結びつけていく質保証の枠組みの整備でした。

　具体的には、学生の学びの実態把握と教育成果に焦点を合わせた「IRネットワークシステム」を構築し、4連携大学が共有できるデータをベースに相互評価を行い、評価結果を反映して、4大学間で学生の学習時間の確保や単位の実質化に向けた取り組みなどを進め、学士課程教育の**質保証**システムの汎用的モデルとなるIRを4大学間で構築し、そのノウハウおよび人材を共同開発することにありました。

　そのために、4大学共通の**学生調査**を活用して学生の自己評価による間接**アセスメント**を実施し、学生の単位取得状況や学習行動、学修成果、教育の効果などに関する基礎データ（ベースライン・データ）を蓄積し、分析しました。共通の**学生調査**については、代表校である同志社大学の「高等教育・

第9章　IRコンソーシアム

IRシステム概念図

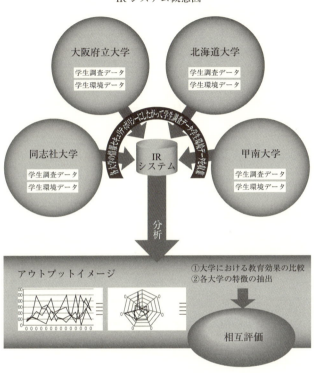

図9-1　大学IRネットワーク
出所：大学IRコンソーシアムの許可を得て大学IRコンソーシアムのホームページ（http://www.irnw.jp/irsystem.html）より転用しています。

学生研究センター」内に設置されたジェイサープ研究会が開発し、過去4年間にわたって実施、分析してきた**学生調査**（JFSおよびJCSS）を参照しながら、長期的な取り組みの課題である外国語（英語）による教育のベンチマーク設定につなげるため、学生調査の項目に英語の能力についてより詳しい設問を設けました。これらについては、第8章第2節「高大接続・初年次教育と学生調査」（◯139頁）を参照してください。これには、EU諸国ですでに導入され、語学教育ベンチマークの国際標準としての地位を確立しつつある「CEFR」[3]も組み入れました。また、**学生調査**を紙媒体だけでなく、WEB上でも実施できる次世代型学生調査システムの開発へと着手したのです。連

携4大学がデータと分析結果を共有し、「相互評価」と「ベンチマーク」設定へとつなげる基盤を固めたうえで、**学生調査**分析結果および収集データをもとに、自己点検・評価および相互評価を実施しました。たとえば学生の学習時間、学習状況、ラーニング・アウトカムの自己評価、教育方法、教育課程への満足度などにおける、連携大学それぞれの長所などを参考にしながら**ベンチマーキング**を進め、各連携大学は各々の教育改善の参考として利用したのです。

次に、**学生調査**は間接評価であることから、何らかの直接評価結果と結びつけることが不可欠とみなし、各大学の中にある直接評価結果と間接評価結果を結びつけました。各連携大学固有のシステムの中から共有できるデータをまとめたシステムを開発し、その分析結果を活用して、各連携大学における教育成果の相互評価の実施へとつなげたのです。4大学共用のIRネットワーク構築に必要なデータとして、入学関連データ（入試方法など、出身高校関連の情報）、**教務情報**（履修状況、GPA、単位取得状況、留年・学位取得状況など）を収集し、それらの情報と学生調査結果とを統合し、情報セキュリティについては万全の配慮をしながら、4大学が共用できるシステムの開発という成果がもたらされました。

▶ 大学IRコンソーシアム[4]

補助期間が終了した2012年度にこの成果をより幅広く展開することにより、高等教育機関全体における学士課程の**質保証**システムを推進することを企図し、大学IRコンソーシアムが設立されました。当初は13大学から出発した大学IRコンソーシアムですが、2015年5月現在では41校が加盟して

---

[3] CEFRはCommon European Framework of Reference for Languagesのことで、ヨーロッパで共通の外国語学習の到達度を記述するのに使用するガイドラインとして、欧州評議会（Council of Europe）という組織によって2001年に正式に公開された枠組みです。具体的には、ヨーロッパのすべての言語に使える評価方法と指導方法が示されているガイドラインです。

[4] 本大学IRコンソーシアムの情報については、2016年時点のものをベースに記述しており、現在は加盟校数、また活動内容にも変更されていることをご承知いただきたい。

第9章　IRコンソーシアム

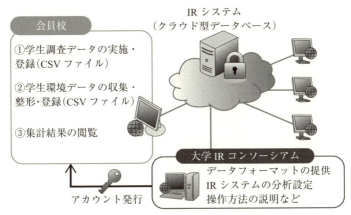

図9-2　大学IRコンソーシアム
出所：大学IRコンソーシアムの許可を得て大学IRコンソーシアムのホームページ（http://www.irnw.jp/irsystem.html）より転用しています。

います。

　現在、大学IRコンソーシアムは、戦略的連携事業の後継事業として採択された北海道大学、大阪府立大学、同志社大学、甲南大学、お茶の水女子大学、琉球大学、玉川大学、関西学院大学から成る国公私立8大学IRネットワークとして推進する「教学評価体制（IRネットワーク）による学士課程教育の質保証」（平成24年度文部科学省大学間連携共同教育推進事業）と連携を図りながら、本事業が推進している教学評価体制の充実、アウトカム評価の確立（目標の設定、カリキュラムへの展開、成果チェック）、グローバル化への対応（英語力の評価体制）、大学教育の職業的レリバンスの検証（卒業生調査）を推進しています。補助期間終了後は大学IRコンソーシアムでその事業を継続的に発展させ、日本の高等教育機関での教学評価コミュニティを育成することを最終目標としています。

　このコンソーシアムに参加することで、すぐに活用できるのが各種の評価への対応です。大学機関別認証評価の第2サイクルでは、**内部質保証**システムが評価の観点に加わっていますが、IRシステムを活用することで、この部分に対応する根拠資料が揃います。自己点検評価・認証評価といった評価に対してデータを提供するということも、IRの重要な機能ですが、コンソー

シアムに参加し、データの収集を組織的に行うようになると、こういった評価に対するデータ収集・加工の負荷は格段に軽減されます。

　大学 IR コンソーシアムの活動を通じて、大学の個別性を超えた共通指標や**ベンチマーク手法**を用いることで、より多くの大学が共通の学修成果の獲得をめざすと同時に、それに基づいた教育の向上に努めることが可能となります。コンソーシアム形式で IR を推進することの特徴は、教学 IR が個別の大学にとどまらず、多くの大学で同時に進展する点にあると言えるでしょう。実際、大学 IR コンソーシアムが発足して 4 年目となり、加盟校も増えてきた中で、ようやくデータを活用して教育改善へと活かす事例や、先述した第 2 サイクルの大学評価に大学 IR コンソーシアムの**ベンチマーキング・データ**を活用した事例などが蓄積されました。さらにそれらを加盟大学間でグッド・プラクティスとしながら、ディスカッションをするようなコミュニティづくりへとつなげていこうとする機運も出ています。何のために大学 IR コンソーシアムを発足したかという原点を振り返ると、やはり加盟校が**学生調査**データを共有しながら、協力して教育改善をしていこうということになります。大学 IR コンソーシアムの活動を通じて日本の大学全体の教育改善へとつながることが期待されます。

2　大学評価コンソーシアム

　アメリカにおける IR の発展を語るうえで欠かせないのが、アメリカ IR 協会（Association for Institutional Research: AIR）の存在です。AIR は 1966 年に設立され、アメリカのみならず、世界各国の高等教育機関に所属する約 4,500 人の IR 担当者が加盟する組織となっています。主な活動としては、年次大会の開催、学術雑誌などの刊行物の発行、IR 担当者向けの研修事業などを展開しており、IR 業務に従事する際に要求される学術的および実践的知識の発信と普及に大きく貢献しています[5]。

　一方、日本においては、このような機能を担う組織は存在せず、IR を普及、拡大させていくうえで、AIR のように IR に関する学術研究や IR 担当者の知識・技術などの向上に寄与する中間的な組織の確立が急務となっていま

す。こうした状況の打開に向けて設立されたのが大学評価コンソーシアム[6]です。当コンソーシアムは、実際に評価あるいは IR に携わっている方々や、高等教育関係の方々が個人で加盟する任意の団体[7]です。

▶大学評価コンソーシアムの活動

　大学評価コンソーシアムの活動は、2007 年度に九州大学の「大学評価情報室」が世話人になって開催した「大学評価担当者集会」を起点としています。当時、国立大学法人評価あるいは認証評価にどのように対応していくのかということが喫緊の課題になっていたことから、有志数名が集まって、それぞれの所属機関における実態および対応状況を共有することに主眼が置かれていました。その後、法人評価および認証評価も一巡し、第 2 サイクルに入っていくにつれ、評価対応のみではなく、評価の過程を通じて把握した課題などを改善につなげていくための評価をどのように構築できるかということを議論するようになりました。このように参加者のニーズが多様化していく中、組織としての基盤も強化することが要求されるようになりました。そこで、2010 年に従来の有志の会を進展させ、「大学評価コンソーシアム」を発足させたのです。

　2023 年 9 月現在、398 の機関（国公私立大学および高等教育関係機関）から 1,373 名が会員として登録されています。会員の所属機関別では、国立大学が 44%、私立大学が 39%、公立大学が 7%、関係機関が 9%、短期大学が 1% で、職種別では、職員が 72% 強、教員が 19%、その他が 9% という構成になっています。会員の大多数が職員であるため、会費または参加費の徴収は、各種イベントへの参加障壁になるため、会費あるいは参加費は徴収せず、幹事が中心となって会の運営および企画立案に携わり、各種イベントを実施

---

(5)　詳しくは Column 2「アメリカの IR 協会：AIR」（◯23 頁）を参照してください。
(6)　組織の概要、活動実績などについては、http://iir.ibaraki.ac.jp/jcache/index.php に公開しています。
(7)　通常のコンソーシアムは大学あるいは部局など、組織単位での加盟を基本とします。一方、大学評価コンソーシアムは大学および関係機関に所属する個人が任意で加盟する組織であり、IR コンソーシアムといっても、通常のコンソーシアムとは異なる特徴を有しています。

しています[8]。

　大学評価コンソーシアムの中核イベントとしては2007年度以降、毎年開催している「大学評価担当者集会」があります。これまでの活動実績として、49名から160名の参加のもと、主に九州大学や神戸大学で開催され、2015年の大学評価担当者集会は神戸大学を会場として、以下のようなプログラムで実施されています[9]。

第1日目
- プレイベント1　「米国におけるIRの実践事例——指標の設定とその活用」（定員30名程度）
  アメリカの大学で集計、分析している学科間比較を目的とした指標（KPI）について、その背景と実際の活用事例を紹介するとともに、日本の大学のデータを用いて、それらの指標の活用可能性を検討する。
- プレイベント2　「はじめて学ぶIR——これまでのまとめ」（定員30名程度）
  「IRとは何か」ということを概観しながら、コンソーシアムで蓄積している知見や講演資料などを活用してIRを実践するための基本的な考え方を紹介する。
- 全体会「大学評価はIRで高度化できるのか？」
  大学評価およびIRは現状把握・現状分析という点では共通していることから、双方の特色を活かして、それぞれの機能をどのように強化するかを考える。
- コンテンツ1：大学評価とIRのこれまでとこれから
  大学評価の歴史およびIRの基本的な考え方を踏まえ、評価とIRの関係について整理するとともに、コンソーシアムのこれまでの取り組み

---

[8]　現状では、大学評価コンソーシアムの幹事が所属するそれぞれの機関の理解と協力のもと、各種イベントを計画・実行することができています。また、幹事などで獲得している科学研究費補助金を活用して、各種イベントの企画およびコンテンツ開発を進めています。

[9]　それぞれの分科会の実施概要および成果については、http://iir.ibaraki.ac.jp/jcache/index.php?page=activity に公開されています。

とその成果を紹介する。
- コンテンツ2：大学評価に活かす米国IRの知見
  アメリカにおけるIR人材育成プログラムなどでよく読まれている文献を参考に、それらが示す知見をどのように大学評価に応用できるのかを学ぶ。

第2日目
- 評価・IRの実践・課題共有セッション（定員60名程度）
  参加者が課題を持ち寄り、評価業務・IR業務を通じた現状認識・現状分析の中で見えてきた学内の課題をどのように改善すればよいのかを議論する。
- 評価初心者セッション（定員30名）
  「評価とは何か」という基本的な観点に基づき、自大学で自己評価書を作成する際に求められる着眼点・発想法・留意点を身につけることをめざす。
- IR上級者セッション（定員15名）
  参加者の所属機関における評価業務・IR業務を整理し、それぞれの業務をどのようにして意思決定や改善支援につなげていくのかを議論する。

さらに、上記の大学評価担当者集会以外にも、表9-1に示す個別の研究会、勉強会などを実施しています。

これらの活動の成果については、大学評価コンソーシアムのホームページを通じて、すべてのイベントの実施内容や資料を電子化して公開しています。また、グループ・ワークにおいて作成いただいたポスターなどをもとに、評価業務のガイドラインを作成し、ホームページ上で公開しています[10]。

▶評価・IR担当者に求められる能力とルーブリック

大学評価コンソーシアムでは、上記のような活動を通じて、評価・IR担

---

(10) http://iir.ibaraki.ac.jp/jcache/index.php?page=guideline

表9-1　大学評価コンソーシアムの研究会、勉強会など

会の名称	開催時期・開催場所	参加者数
大学評価・IR 研究会	2010 年 12 月 九州大学箱崎キャンパス	―
IR 実践に向けた数量データ分析に関する勉強会	2013 年 5 月 神戸大学百年記念館	21 名
勉強会「米国における IR 実践を通して考える日本型 IR」	2013 年 11 月 立命館大学朱雀キャンパス	27 名
研修会「自己評価能力を高めるための目的・計画と指標の作り方（ステップ 1・2）」	2013 年 11 月 京都外国語大学	25 名
勉強会「科研費データを活用した研究力把握」	2014 年 6 月 神戸大学百年記念館	29 名
IR 実務担当者連絡会（パイロット開催）	2014 年 10 月 神戸大学	14 名
大学のグローバル化のための取組と指標に関する勉強会	2014 年 12 月 徳島大学	13 名
米国 IR 事情勉強会	2014 年 12 月 立命館大学	19 名
評価作業のためのガイドライン（データ収集編）勉強会	2015 年 1 月 名城大学	22 名
平成 26 年度第 1 回　IR 実務担当者連絡会	2015 年 1 月 名城大学	29 名
平成 27 年度第 1 回　IR 実務担当者連絡会	2015 年 8 月 立命館大学	36 名
平成 27 年度第 2 回　IR 実務担当者連絡会	2015 年 10 月 大学コンソーシアムやまがたゆうキャンパス・ステーション	27 名
米国におけるアセスメント実践事例に関する勉強会	2015 年 11 月 立命館大学	24 名

当者の知識・技術などの向上を図っており、引き続き評価あるいは IR に関心のある方々の研修プログラムの開発をめざしています。その際、研修対象者の経験年数やそれまでの業務の経験などに合わせた内容にしていくことが求められるため、実務担当者に必要な能力とレベルを定義したルーブリック（学習到達度の査定表）の作成にも取り組んでいます（表 9-2）。このルーブ

第 9 章　IR コンソーシアム

表 9-2　実務担当者に求められる能力とレベル

能力等／段階の目安		初級	中級	上級
活動の設計	評価	評価(収集／分析)の目的や活動の設計の内容を理解できる。必要なデータとその分析手順について理解できる。	評価(収集／分析)の目的を明確にし、具体的な活動を概ね設計できる。即ち、必要なデータとその分析手順についてある程度設計することができる。	評価（収集／分析）の目的を明確にし、具体的な活動を設計できる。即ち、必要なデータとその分析手順について設計することができる。適切な状況把握のための指標の選定ができる。
	IR	収集／分析の目的や活動の設計の内容を理解できる。必要なデータとその分析手順について理解できる。	依頼内容から収集／分析の目的を明確にし、具体的な活動を概ね設計できる。即ち、必要なデータとその分析手順についてある程度設計することができる。	依頼内容から収集／分析の目的を明確にし、具体的な活動を設計できる。即ち、必要なデータとその分析手順について設計することができる。適切な状況把握のための指標の選定ができる。
収集	所在把握と入手	誰に依頼すれば、もしくは DB のどこにアクセスすれば必要なデータが得られるのか概ね把握しており、それらを入手できる。	誰に依頼すれば、もしくは DB のどこにアクセスすれば必要なデータが得られるのか把握しており、それらを入手できる。	既存のデータがない場合に新たな調査を実施したり、定義が曖昧な場合、それらを調整することができる。
	整理	入手したデータをオフィス内で再利用可能な形で整理して保管することができる。	入手したデータをオフィス内で再利用可能な形で整理して保管することができる。各データの定義や入手経緯等もまとめておくことができる。	入手した各種データを組み合わせた形で、他部署も使いやすい形でデータを整理することができる。データマネジメント組織としての活動を推進できる。
分析	文章とりまとめ	叙述資料をとりまとめて、整理することができる。	叙述資料の内容を精査し、校正することができる。	叙述資料について、目的に応じて適切な量の文章にまとめることができる。

能力等／段階の目安		初級	中級	上級
分析	数量データ解析	数量的なデータを集計したり、グラフを作成することができる。	複数の数量的データを組み合わせて傾向や特徴を掴むなどの操作ができる。その上で、必要な表やグラフを作成することができる。	基礎的な統計学の知識を有し、データの持つ意味について客観的な考察ができる。
	解釈	傾向や現状を概ね説明することができる。	複数のデータから自大学の置かれた状況を概ね解釈することができる。	複数のデータから自大学の置かれた状況を解釈し、依頼者に分かりやすいストーリーを構成することができる。
活用支援（レポーティング）		指示を受けた表やグラフや報告書を提供できる。	依頼者の期待に応えた報告書の作成や、口頭報告を行うことができる。	依頼者の期待に加え、政策的な流れ、学内での経緯などを踏まえた報告書の作成や、口頭報告を行うことができる。継続的改善を見越した示唆をさりげなく盛り込むことができる。

出所：嶌田他（2015）「評価・IR 担当者に必要な知識スキルに関する考察——人材育成プログラムの開発・充実に向けて」日本高等教育学会第 18 回大会発表資料。

リックについては、現在、試行中であるため、内容を精査していく必要がありますが、これを策定することによって、たとえば年度ごとに対象者のレベルに応じた内容を提供する際の枠組みとして活用しています。

　このルーブリックの作成と並行して、これまでの各イベントにおける参加者アンケートを通じて、所属機関における課題として、自己評価などの結果が機関の運営や**意思決定**に活用されにくい現状を多くの参加者が挙げていることをふまえ、そのコンテンツ開発に向けた検討を進めています。また、日本の大学においては、専任の教職員を配置した評価や IR 室などはきわめて稀であり、大半の大学では異動を伴う事務系職員が評価業務や IR 業務を担っています。そこで、大学評価コンソーシアムでは、異動を伴う事務系職員で構成される評価部署（IR オフィス）であっても、一定程度の高度な IR 業務を継続的に実施できるようにすることを目的として、学内の課題ごとにデータ整理や集計手順の整理（メソッドのライブラリ化および大学数量化ツー

ルの開発）に着手しています。今後、大学における**意思決定**支援機能の強化につながる知見などを蓄積し、順次、これらの「知見やツール」の拡大と高度化を図っていくことを計画しています。

Column 7　アメリカの大学のデータコンソーシアム

アメリカの大学情報の公開状況については、いくつかの文献（小林・劉・片山 2011、森 2012 など）に詳細な紹介があります。ここでは、IR の検討に参考となるようないくつかについてのみ簡単に紹介することにします。

アメリカには大学情報交換のための組織がきわめてよく発達しています。自大学のパフォーマンスと実践を理解するために、同じような大学と比較するベンチマーキングの必要性があるからです。これらのデータの比較により、一般的な大きな状況の変化、経済状況、国内外の環境の変化の中で、自大学のパフォーマンスを考慮することが可能になります（Carpenter-Hubin et al. 2012）。

ここでは、こうした大学情報の交換組織のうち、会員制でクローズドな組織を大学データコンソーシアムと呼ぶことにします。コンソーシアムは、会員のみで完全にデータ交換をするものであり、大学情報公開を目的とするものではない点に注意する必要があります。また、こうしたコンソーシアムは、誰を会員にするかを会員間で決定するという点でもクローズドな組織です（以下のコンソーシアムの紹介は、各コンソーシアムのホームページのほか、Trainer 1996b と Carpenter-Hubin et al. 2012 などによりまとめました）。アメリカにはこうした情報公開のためのコンソーシアムが多数あるので、ここではそのいくつか参考になりそうなものを取り上げます。

AAUDE

アメリカ大学協会（American Association of Universities: AAU）は、加盟校のデータを相互に交換する組織としてアメリカ大学協会データ交換（American Association of Universities Data Exchange: AAUDE）を 1973 年に創設しています。主に交換される情報は、加盟校間で共通の関心事である、学生の特性、入学者の特性、奨学金と学費、学生生活経験、資源（教員給与、職員、施設など）、成果（学位取得、卒業後の進路など）など 30 あまりのセットで、すべてのデータは完全に公開されているのではなく、加盟校の間でのみ交換されています。データの定義も加盟校間で決定し、定期的に収集交換されます。それらの中には、一時的なものや特別な問題に関するものもあります。

HEDS

The Higher Education Data Sharing Consortium (HEDS) は、1983 年にタフツ大学が中心となり、Educom からの資金をもとに創設され 1990 年からデータ交換を実施しています。加盟校は 125 の私立大学で、非営利であること、アクレディテーションを受けていること、などの会員資格があります。会費は学生数で決定されます。

交換されるデータは、入学、応募、基金、財政、学生支援、卒業率、授業料など多岐にわたります。この中には公的なものから個別の大学やその他の機関で収集されたものなどが含まれています（NSSE については、第 5 章第 2 節「IR と学生調査」（○84 頁）を参照してください）。

また、HEDS は、3 つの調査を実施しています。1 つ目は、学生のスキルや態度を含む情報リテラシーを評価するための調査で、調査項目は 35、オンラインで 15 分ほどの調査です。これまで 60 大学の 3 万人以上が調査されました。2 つ目の卒業生調査は、教授方法の効果や施設などのコンディションが、学生の批判的思考、ライティング、スピーキング、問題解決力などに及ぼす影響を評価するものです。調査は 93 の質問からなり、これまで 34 の大学の約 1.2 万人が調査されています。3 つ目のシニア調査は、卒業生調査と同じような評価を行うもので、両者をリンクして大学の教育や施設を評価することができます。

COFHE

The Consortium on Financing Higher Education (COFHE) は、1971 年に結成されたきわめて選抜性の高い私立大学のコンソーシアムで、創設以来 31 の大学のみが加盟しています。いわゆるアイビーリーグの 8 校とシカゴ、ノースウェスタン、スタンフォードなどの研究大学、その他リベラルアーツカレッジからなります。COFHE は、特に授業料や奨学金についての加盟大学間での情報交換を行ってきましたが、現在では、学生や卒業生や保護者に対する調査も実施し、そのデータを交換しています。データは加盟校のみで交換され、外部者は利用できません。マサチューセッツ工科大学（MIT）の本部のほか、ワシントンにもオフィスを置き、授業料や奨学金に関するロビー活動も展開しています。

これら以外にも多くの地域の大学データコンソーシアムや、特定の領域の大学や高等教育機関のコンソーシアムがあります。ほとんどのコンソーシアムはオフィスを持ち、活動の拠点としています。また、データは単に交換されるだけではなく、共有あるいはピア校とベンチマークされるなど、分析まで行われます。また、ワークショップや総会など、情報交換の機会が提供されています。

第10章
経営支援の IR

　本章では、**戦略計画**と**財務計画**という大学の重要な活動に IR がいかに貢献できるかを、アメリカの例をもとに説明します。**戦略計画**はまだ日本の大学ではそれほどなじみがないものかもしれませんので、第1節ではまず**戦略計画**について簡単に説明し、それが大学にとっていかに重要な活動であるかを理解していただきます。次いで第2節では**財務計画**を取り上げます。それぞれ、IR がいかに**戦略計画**や**財務計画**と密接な関係があるかを説明します。

1　戦略計画と IR

(1) 戦略計画とは何か

　IR と密接に関連する大学の重要な活動として戦略計画が挙げられます。**戦略計画**（Strategic Planning）についても、様々な定義がありますが、最も簡明な定義の1つは、L・ラポフスキー（Lapovsky）による「大学の役割とミッションを再確認し、これに手を加えるもの。長期、複数年にまたがる全体的、総合的なもの」です（片山他 2009、6-7頁）。戦略計画は、全学レベルのものも、部局レベルのものもあります[1]。日本では中期計画が戦略計画に近いものと考えられますが、日本の大学の中期計画の多くは、包括的、総花的、羅列的で、大学の戦略を策定し、実行するものになっているとは言いがたいものです。この意味で、IR と有機的に連携し IR を活用するという点では、まだ多くの大学で戦略計画は IR と関連づけられていないと思われます。こ

---

[1]　戦略計画の詳細については、片山他（2009）および小林・劉・片山（2011）を参照してください。

の点に関して、戦略計画の特徴をもう少し説明します。

戦略計画について、明確で現在広く受け入れられている、1つの定義によれば、戦略計画とは「システマティックな進行中の活動であり、組織が現在より3年から5年の期間に直面する主要な意思決定を予期し対応するために用いられるもの」で、次のような特徴があります（Norris and Poulton 1991, p.18）。

① 外部に向かう。
② 組織が「何をすべきか」に焦点を当てる。
③ マクロな問題を扱う
④ 組織の境界にまたがる。
⑤ 不定期な時間の枠で起こる。
⑥ 外的環境の変化によってもたらされる不確実な変化の継続的なスキャニング・プロセス。

また、戦略計画は、「不確実な環境の流れに対して、企業を航行させるオープンなシステムアプローチである」（Cope 1987）という定義もあります。その主要な目的は、資源の獲得によって、機関の将来と予想される環境変化とを結びつけながら、ミッションの成功をもたらすことにあります。このように戦略計画の策定のためには、第4章で紹介した環境を把握するための**環境スキャンやSWOT分析やベンチマーキング**などのIRの手法が重要な意義を持つことになります（Lapin 2004）。

このように、戦略計画は大学の環境と組織を結びつけるものです。また、戦略計画は資源の問題を常に明示的に示すことが重要です。この例として、後に挙げる愛在大学の例は参考になります。

さらに大学の長期の活動は、戦略計画を組織の中で実行に移す試みと言うことができます。これに対して、予算のサイクルの中で決定される、資源の各部署への配分を含んだ計画を別に実行計画（アクションプラン）として策定する場合があります。

戦略計画は次の3つの要素を持っています（Lapin 2004）。

① ビジョン

② ミッション
③ 目標

なお、アメリカの大学における戦略計画も、もともとは施設や建設計画の必要性から生じたものです。また、IRは、戦略計画だけでなく、財務計画、投資計画、入学者計画、資産整備計画などと関連しています。これらについては、財務計画とIRの例を次節「財務計画とIR」（●174頁）で紹介します。この点では、日本の大学もそれぞれ個別の施設計画や建設計画、入学者計画や財務計画などを持っていると思います。しかし、戦略計画はそれらを統合して1つの計画にまとめ上げている点と**環境スキャンやSWOT分析やTOWS分析**などが積極的に用いられている点が重要です（Dooris et al. 2004）。ただし、実際に、どの程度IRとこうした計画が関連しているかは、個々の大学によって著しい差があることにも留意することが重要です。

また、戦略計画を策定すること自体も重要ですが、そのプロセスにおいて、大学のリーダーが大学の状況や構造を理解することが重要です。戦略計画はダイナミックで、柔軟性、創造性、想像性に富むものですが、中でもとりわけ柔軟性が強調されます。また、計画の策定より実行、変化を生むことが重視されます。この意味で最近では、静的で硬直的な「計画」より、動的で柔軟な戦略「経営」という言葉が好まれているとも言われます（Dooris et al. 2004）。

もともと大学の経営には不確実性やリスクはつきものです。IRによって戦略を立てるために必要なすべての情報が得られるというものでもありません。つまり、必要な情報をすべて収集し分析すれば、合理的な戦略が策定できるというものではないのです。しかし、だからといって情報が重要でないというわけではありません。情報は不確実性やリスクを確実に減らします。また、情報の提示や共有によって、学内での合意を取り付けやすくなります。

こうした点からも IR は、戦略を見据えて情報の収集と分析をする必要があるのです。

戦略計画に対する批判もあります。技術やテクニックを見せびらかす専門店（テクニカルなブティック）、ときどき吠えるけれど、噛むことはない老フォックス・テリアとか、アメリカの高等教育研究の第一人者であるR・バーンバウム（Birnbaum）の大騒ぎする割には実効性に乏しい「経営の空騒ぎ」（Birnbaum 2000）などです。また、成功した戦略計画は1割に満たないとも言われています。しかし、これらの批判は戦略計画そのものより、その不十分な例に向けられていると言えます（Sevier 2003; Dooris et al. 2004）。

(2) アメリカの大学における戦略計画の例

次に、アメリカの大学における戦略計画の例を、架空の愛在大学の具体的なケースを紹介しながら説明していきます。まず、戦略計画を策定するうえで重要な戦略指標について説明します。

▶戦略指標

アメリカの大学で説明責任の観点からよく用いられているのが戦略指標（strategic indicator）です。戦略指標は大学の現状の全体像をわかりやすく数値で表したもので、**ベンチマーク**（benchmark）、**キー・パフォーマンス・インディケーター**（Key Performance Indicator: KPI）、**ダッシュボード**（dashboard）など様々な手法でなされています[2]。

戦略指標は、(a) 計測可能で、(b) ミッションや戦略計画にリンクしており、(c) 予算の主要項目や重要な事項が含まれている必要があります。また、数年にわたる過去のトレンドの把握や将来の予測にも使用しうるものでなければならないとされています。さらに、**ピア校とのベンチマーキング**を行うことができるように、他校の数字も収集されねばなりません。

戦略指標の重要な対象領域として、次のようなものがあります。

---

[2] アメリカの大学におけるパフォーマンス・インディケーター（PI）については、第5章第3節「IRと大学ベンチマーキング」（⇒95頁）を参照してください。

① エンロールメント：学生数、競争力、多様性、ジェンダー、進級率[3]
② 教職員：人数、給与
③ 寄付募集：恒常的寄付（annual gift）、基金[4]
④ 財務指標：収入と支出、資金余剰（または赤字）
⑤ 質の指標：教員の出版物と研究資金、学生の成功度合い
⑥ その他

　アメリカの大学では理事会が卒業生などの学外関係者で構成されているということもあり、大学の現状を簡潔に説明する資料が必要とされます。たとえば、第4章第1節「**大学のダッシュボードをつくる**」（◆45頁）で紹介した資料は、理事会向けに大学の現状を示したもので、1枚ものの資料で、大学の現状が一目でわかるような工夫を施しています（第4章第1節、図4-1～4-6）。なお、実際の大学の資料は下敷きのようなセルロイド製で、裏面には戦略指標を他校と比較し同大学の相対的位置を示した図が掲載されているものもあります[5]。

▶**ベンチマークシート**

　戦略指標を記載したシートは**ベンチマークシート**と呼ばれ、このシートの活用は戦略計画と予算モデル、予算を結びつけるうえで優れた、かつ正確な方法と言われています。表10-1は、愛在（あいある）大学における戦略計画に含まれる**ベンチマークシート**の中でも学生に関するものを示しています。シートの左端の列にはその大学が重要とみなす戦略指標、すなわち学生数、進級率、入

---

(3)　進級率については第7章「エンロールメント・マネジメント」（◆115頁）を参照してください。
(4)　寄付募集と基金については次節「財務計画とIR」（◆174頁）および以下の東大―野村DPを参照してください。No.2「わが国の大学における寄付募集の現状」、No.3「アメリカの大学における基金の活用」、No.4「寄付募集を通じた大学の財務基盤の強化」、No.6「高等教育機関のための寄付募集入門――アートとサイエンス」、No.7「中国のトップ大学における寄付募集の現状」、No.10「東京大学基金を支える寄付法人に聞く」、No.11「東京大学基金を支える寄付者の方々に聞く」。
(5)　実際のより詳細な戦略指標の事例は、小林・劉・片山（2011）の32頁および東大―野村DP、No.5「アメリカの大学の財務戦略」の27頁に掲載しています。

表 10-1　愛在大学のベンチマークシート

比較指標	2010年度目標	直近値	ピア校（14校）平均		理想校平均レンジ
			レンジ	順位（14校中）	
学生数	1,500	1,243	1,788		1,146-2,696
			683-3,054	10	
留学生数	170	85	65		50-207
			13-186	5	
初年次の進級率	80%	76%	80%		76-92%
			67-93%	11	
入学者平均偏差値	65	60	64		66-69
			59-69	4	

学者の平均偏差値などが書かれています。一方、シートの上端の行には目標値と直近の実績値とが並んでいます。さらに次の欄の数字は5〜10のピア校のレンジ（最大値と最小値の差）と愛在大学の順位であり、自分の大学の相対的な位置を知るうえできわめて有用です。さらに右端には、愛在大学が目標とすべき理想校の平均の数字が掲げられています。これは目標であり、ベスト・プラクティスを設定するためと言えます。このように、正確にベンチマーキングの分析を行うためには、自分の大学のめざす、あるいはライバルと意識しているピア校を適切に選択する作業が不可欠です[6]。

(3) 愛在大学の実行計画（アクション・プラン）

さらに、愛在大学の実行計画（アクション・プラン）の事例を紹介します[7]。実行計画は次の4つの柱から策定されています。

① ビジョン

---

[6] 実際のより詳細なベンチマークシートの事例は、小林・劉・片山（2011）の33頁に掲載しています。
[7] この実行計画は、アメリカのギルフォード大学とニューハンプシャー大学の機構の事例を参考にしています。

表10-2 愛在大学の実行計画（学生の学習成果）

プロジェクト	学生の変化の調査	学生支援のスタッフ調査
概要	学生が共通教育を通じてどのように変わったか調査	来年度の学生の多様性を拡大するために必要なスタッフの調査
優先度	高	高
費用（万円）	240	0
継続	あり	
当初予算（万円）	120	
コメント	戦略計画アセスメントとリンクする必要がある	コンパスプロジェクトの資金を申請中
責任者	市田真弓	川口陽子

② コアバリュー
③ 達成のためのマップ
④ 戦略計画とミッション、バリュー、計画の前提

　このうち、③達成のためのマップについて、学生の学習成果の例を表10-2に示します。実際には多くのマップがありますが、ここではごく一部だけ示しています。

(4) IRと戦略計画、大学の情報公開、ベンチマーキング、学生調査

　ここで紹介した戦略計画の立案にIRは重要な役割を果たします。第1章「IRとは何か」（◯3頁）で説明したように、初期のIRは単にデータを集計し提供するだけでしたが、現在の広義のIRでは、戦略計画や**意思決定過程**に関わるものとなっています。日本の大学の場合、どこまでIRが戦略計画や**意思決定**に関わるのかは個々の大学のIRの発展の段階によります。ただ、いずれにしても、漫然とデータを収集し集計するだけでなく、戦略計画や**意思決定過程**を十分に見据えて業務にあたる必要があります。そのためには、先に説明した**環境スキャンやベンチマーキング**などのツールを十分に活用することが重要です。

これまで説明してきたIR、戦略計画（中期計画）、**大学情報公開、ベンチマーキング、学生調査**は相互に有機的に関連づけられて実施される必要があることを強調したいと思います。とりわけ、多くの日本の大学では、**学生調査**はIR活動と位置づけられていないようです。ただし、このことは必ずしもこれらを同じ組織で実施することを意味しないことにも留意する必要があります。

2　財務計画とIR

　財務計画や財務シミュレーションもIRと密接に関わっています。このことはIRが数字や統計分析を主な業務とすることから、容易に理解できます。IRは財務部門などにデータの提供を行うだけの場合もあれば、財務計画や財務シミュレーションの策定に参加する、さらにはそれらの策定がIR組織や担当者の業務となっている場合などもあり、様々です。これは**戦略計画**の場合と同様です。財務計画や財務シミュレーションについては、多くの大学が財務部門などで実施していますが、専門的なものは他の参考文献に譲り、ここでは、まず財務計画について、IRと関連する点に絞って説明します。また、簡単なシミュレーションの例を示します。次に、戦略計画と財務計画の中間にあり、IRが重要な役割を果たす戦略予算について、紹介します。

(1) 財務計画

　財務計画は、前節「戦略計画とIR」でふれた施設計画、投資計画、資産整備計画、入学者予測計画など、これまで取り上げたあらゆる計画を財務面から合体したものであり、収入源としての授業料・手数料や政府からの補助金、委託研究などに加えて寄付募集や基金、負債といった項目が盛り込まれています。特に重要な各項目のチェックポイントは以下のようなものです。

▶入学者予測と計画手法

　大学にとってきわめて重要な問題は、入学者数がどのように推移するか予測することです。このためには、まず、授業料や偏差値など入学者数に影響

する要因を分析する必要があり、回帰分析やロジット分析などの多変量解析の手法、さらに予測のためには、シミュレーションや線形計画など、その他の各種の統計的手法が用いられます。高度な統計の技法を用いるだけでなく、適切なデータを収集することが何より重要になります。また、入学者以外にも、大学の収入や支出などの財務などについても、シミュレーションがよく用いられます。これらについては、かなり専門的な知識とスキルを必要とするため、ここでは後に簡単な例を示すにとどめます[8]。

▶ 授業料と奨学金の設定

　入学者数の予測と関連して、授業料と大学独自の奨学金の設定は、財務計画の中でもきわめて重要な項目です。とりわけアメリカの大学では近年高授業料・高奨学金政策が採られるケースが多く見られます。

　高授業料・高奨学金政策とは、公表された授業料（定価授業料：sticker price, list price）を高額に設定し大学独自の給付奨学金（institutional aid、以下大学独自奨学金と呼びます）で割り引く（ディスカウントする）方法です。たとえば、定価授業料を300万円に設定し、大学独自奨学金を270万円支給すれば、学生が実際に支払う授業料（純授業料）は、30万円となり、割引率は90％です。大学独自奨学金の額は、個々の学生によって変えることができるので、純授業料は学生によって異なることになります。つまり、300万円全額を支払う学生からまったく授業料を支払わない学生、場合によっては大学独自奨学金の方が定価授業料より多い、負の純授業料の学生までいることになります。

　この政策は、大学独自の給付奨学金によって、大学が望む学生を獲得することを可能にし、大学の授業料収入も定価授業料を高額に設定することによって増加させることができるとされ、アメリカの私立大学から始まり、現在では多くの公立大学でも採用されています。割引率の設定や割引の対象とする学生数などの設定によって、入学者数や授業料収入は変わることになります。日本の大学でも、合格率や歩留まり率を設定して、授業料水準を決定

---

[8]　第7章「エンロールメント・マネジメント」（◯115頁）も参照してください。

していますが、アメリカの大学の場合には、さらに複雑な授業料設定がなされているのです。

このように、高授業料・高奨学金政策によって、大学は大学の望む学生を獲得し、収入を増やすことができるとされます。しかし、割引率の設定や合格者の決定を誤れば、かえって収入を減少させたり、大学の望む学生を獲得することができなくなる恐れがあります。定価授業料を高額に設定すれば、授業料収入は増加します。しかし、志願者は減少する可能性が高くなります。大学はこうした点を考慮して、単に収入を増やすだけでなく、大学の望む学生を獲得することをめざして、純授業料を設定する必要があります[9]。

▶寄付募集と基金の運用

寄付募集[10]にあたって、最も重要なのは、恒常的寄付（annual gift）と周年事業（campaign）をどう組み合わせるかという点です。後者の計画は通常、**戦略計画**の策定と同時に立てられます。また、基金向けの寄付か経常予算向けの寄付かの選択もあります。経常予算を支える目的で寄付募集を行う場合、受け入れた寄付をただちにすべて活用できるのに対し、基金向けの場合は受け入れた寄付の一部しか活用することができない（その代わり運用の果実を未来永劫活用できる）という特徴があります。

基金（endowment）は、アメリカの大学でよく用いられる概念で[11]、次の目的を有しています[12]。

- 大学のミッションを支援する。
- 大学の長期的な財政を支え、信頼しうる資金源を提供する。

---

[9] 詳しくは東大―野村 DP、No.9「授業料割引と基金の運用管理」を参照してください。
[10] 詳しくは以下の東大―野村 DP を参照してください。No.2「わが国の大学における寄付募集の現状」、No.3「アメリカの大学における基金の活用」、No.4「寄付募集を通じた大学の財務基盤の強化」、No.6「高等教育機関のための寄付募集入門――アートとサイエンス」、No.7「中国のトップ大学における寄付募集の現状」、No.10「東京大学基金を支える寄付法人に聞く」、No.11「東京大学基金を支える寄付者の方々に聞く」。
[11] 基金は財務諸表上の資産（assets）や純資産（net assets）とは異なります。詳しくは東大―野村 DP、No.3「アメリカの大学における基金の活用」を参照してください。
[12] 東大―野村 DP、No.9「授業料割引と基金の運用管理」、14 頁。

- 大学の収入源を分散させる。
- その他の収入源の変動に対するヘッジ手段を提供する。
- 世代間の公平性を維持する。

　財務計画にあたっては、経常予算に対する相対的規模や投資目標、基金からの支出方針が検討の対象となります。

　また負債は、「負債方針」（debt policy）に基づき、経常予算や基金に対する相対的規模、財務格付けや発行形態なども考慮され活用されます。方針には、負債を設備投資プロジェクトに活用しつつ大学のミッションや戦略的目標を達成するとの大学の方針やピア校との競争上格付けを維持するという考え方などが示されています。

　IR部門は、こうしたデータを収集し、他のデータと合わせて分析して時系列に並べ、**ダッシュボード**に表示するなどの業務を担当することが多いようです。

(2) 戦略計画を支えるインフラとしての財務計画
▶経常予算モデル

　アメリカの一部の大学は、**戦略計画**を毎年度の予算に反映させるために複数年度にまたがる経常予算モデルを構築しています。経常予算モデルは**戦略計画**に直結している必要があり、**戦略計画**に盛り込まれた中長期の目標を入学者数や授業料、基金からの繰入、寄付といった収入項目や教職員の報酬、稼働率などの支出項目に関する前提条件に反映させ、それが財政に及ぼす影響に関する分析（感応度分析）を行うことができる構造が望ましいとされます（図10-1）。また、年次予算の基礎となりうることが期待されています。図10-1の愛在大学のモデルは、予算が今後どのように推移していくかを明らかにすると共に、ステークホルダーに対する透明性を高めることにも貢献しています。図の下の収入と支出の前提条件を考慮して、毎年何パーセント増減するかを設定して、その推移を予測した**シミュレーション**です。

第Ⅲ部　IR の主な実践例

（今後10年間の増減に関する想定）

志願者数：	−5％ずつ上昇 ▲▼
1人当たり学納金：	6％ずつ上昇 ▲▼
寄付金：	3％ずつ上昇 ▲▼
基金からの繰入：	5％ずつ上昇 ▲▼
教職員数：	3％ずつ上昇 ▲▼
1人当たり教職員人件費：	3％ずつ上昇 ▲▼
教育研究経費：	6％ずつ上昇 ▲▼
管理経費：	−5％ずつ上昇 ▲▼

	2014	2016	2018	2020	2022
（経常収入）					
授業料・手数料収入	290	320	342	361	384
学生援助	70	81	93	100	104
実質授業料・手数料収入	220	239	249	262	280
政府助成	70	74	82	88	88
基金からの繰入	26	26	26	30	36
寄付	23	24	26	36	26
補助事業収入	49	53	56	60	64
経常収入合計	388	415	439	475	494
（経常支出）					
教育	142	155	164	173	180
研究	66	71	77	82	84
学術支援	45	51	53	56	74
学生サービス	45	49	54	57	63
機関支援	61	66	73	76	72
補助事業支出	46	49	51	54	61
その他の支出	3	1	2	1	1
経常支出合計	407	440	472	499	534
経常外収入	−1	62	129	87	239
純資産の増減	−20	37	96	63	199
期首における純資産	853	843	881	976	1,039
期末における純資産	844	880	976	1,039	1,238

〔収入の前提条件〕
1）授業料収入
　・授業料の引上げ幅
　・入学者数の予測
　・学生援助とネットベースの授業料収入
2）基金の投資収益
　・基金の増加率予想
　・基金からの支出ルール
　・投資収益率の想定
3）恒常的寄付（アニュアル・ギフト）からの繰入
4）政府からの助成金
5）その他収入

〔支出の前提条件〕
1）景気要因
　・インフレーション
2）裁量的支出
　・報酬の伸び
　・教職員の新規採用
3）生産性の上昇
4）新規イニシアティブ
5）稼働率の変化
　・学生数の増減；スペースの増減
　・稼働時間の増減
　・その他

図10−1　愛在大学の経常予算モデルのイメージと収入・支出の前提条件

注：経常予算の数値は架空例として設定したものです。
出所：片山他（2009）。

(3) 戦略予算

次に戦略計画と予算を密接に結びつけている愛在大学の戦略予算例を紹介します[13]。まず、今年度の予算については、次の式により決定されます。これは多くの大学で採用している増分主義の予算案であり、特に目新しいものではありません。

今年度の予算＝昨年度の予算＋利用可能な収入

ここで重要なのは、次のような4つの戦略的なチェックポイントにより、予算を決定していることです。

① ミッションと戦略計画を支える資源を有しているか。
② 資源と資金の使途は適切か。
③ 組織は維持可能（サステイナブル）か。
④ 世代間の公平性を維持しているか。

このうち、④の世代間の公平性は、アメリカの大学の独特の考え方と言えます。基金はインフレなどで実質的には目減りするため、基金を運用により増やす必要があるという考え方です。また、他の予算についても、同じように過去、現在、将来の学生やスタッフの間で公平性を保つ必要があると考えられています。

まず、こうした現実的な可能性をチェックした後で、次に、4つの戦略的なチェックをします。

---

[13] この戦略予算は、アメリカのギルフォード大学の事例を参考にしています。

第Ⅲ部　IR の主な実践例

正式な戦略計画もしくは優先事業集になりうる	現在の環境やニーズに関する事実認識を強調する	競争相手やピア、志願者と比較する
戦略上の優先順位や目標を明確にする	目標や行動ステップ、役割分担、長期財政計画を明記する	年間予算を戦略的に形成する
戦略的指標で進捗度合いを推し量る	年に一回評価・更新し、公表する	計画の達成度の一部として、学長その他のパフォーマンスを評価する

図 10-2　戦略予算策定のチェックポイント

▶ 戦略的なチェックポイント

① 自大学が卓越しており維持可能なものは何か。
② 大学の非常に優れた、最高の事業は何か。
③ 競争的優位にあるものは何か。
④ 我々の方向性を示すものは何か。

　そのうえで、さらに図 10-2 のようなチェックをすることが戦略予算のポイントです。この図の右上には「競争相手やピア、志願者と比較する」というベンチマーキングをすることが示されており、ここに IR との重要な接点の 1 つがあります。

　また、戦略予算を策定する際には、図 10-3 のようなレベルに分けて検討することが重要です。大学のコア・バリューやミッション／ビジョン、優先課題／目標／目的、戦略的指標と評価を明らかにすることは戦略計画の役割です。この**戦略計画**に基づいて、行動ステップ／スケジュール／役割分担、さらに費用と収入を決定します[14]。こうして戦略予算が策定され、執行された後、それを評価することも重要な戦略予算のステップになります。

　戦略予算でもスケジュールと責任者および担当などを示したロードマップ

---

(14)　これについては、本章第 1 節 3 項（◆172 頁）で愛在大学の例を紹介しています。

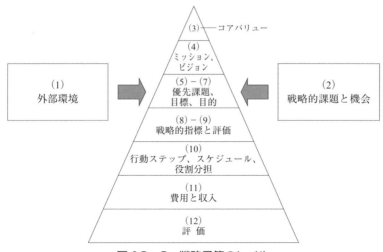

図 10-3 戦略予算のレベル

やアクション・プランが重要です。こうしたロードマップを作成することは、単に計画を策定するのではなく、それを実行可能にするために重要なのです。これについては前節「戦略計画と IR」で愛在大学の実行計画（アクション・プラン）例で示したとおりです。

こうした予算の策定、執行、評価のプロセスでは、リスクに常に注意を払い、チェックしていくことが重要です。そのためには表 10-3 のように、予算の状況をグリーン、イエロー、オレンジ、レッドに分け、常に把握することも重要なチェックポイントです。

さらに、こうしたチェックと評価をした後に、次の予算案を検討する際には表 10-4 のように、効率性とイノベーションを考慮して策定していくことになります。

こうした戦略予算では、細部のチェックも重要ですが、表 10-5 のように、財務面からの危険信号を常にチェックし、全体の予算の均衡を維持していくことが肝要です。

ここで紹介したのは、財務計画としての大学の戦略予算の例です。他の IR の場合と同様、この戦略予算をそのままコピーして自大学で策定するのではなく、自大学の外部と内部の環境、とりわけ戦略計画と IR の現状に合わせ

表10-3 予算の均衡

グリーン	在籍者数の増加 支出の凍結／鈍化 特別な寄付募集
イエロー	基金からの予算繰入の増加 給付の削減／従業員の拠出の引き上げ 主だったメンテナンスの先送り
オレンジ	高水準の授業料割引 予算の一律削減 給与の凍結
レッド	プログラムの廃止 ポストの削減 給与のカット

表10-4 効率性とイノベーション

	効率性	イノベーションと変革
管理運営	管理運営組織を統合する 負債構成を見直す 管理運営費用を減らす 自動的な費用の上昇を抑える パートナーシップ、蓄積、アウトソーシング	収入を生まないスポーツ向け支出を削減する 教員の報酬／顕彰を見直す 包括的な質向上のアプローチ
教学	**学位の生産性** 進級（定着）率／卒業率を高める 試験で取得単位を増やす 試験的な取り組みを奨励する 教育プロセスをリデザインする "作り直し"を最小限にとどめる 学位取得に必要な単位数を減らす 講座の修了率を改善する 職場での学習を増やす **教育プログラムを改編する** プログラムを廃止／統合する プログラムごとに学費を設定する 低価格の選択肢を創造／維持する 講座数を減らす	**利便性** 遠隔地への配信を増やす 講座スケジュールの選択肢を拡大／簡略化する ハイブリッド型講座を提供する **新規の教学戦略** カリキュラムを見直す 講座の配信を見直す 学習を促進する **改革** 学習プロセスに品質改善手法を適用する 学習中心のモデル カスタマイズ化された学習 テクノロジーを活用した学習

第10章　経営支援のIR

表10-5　財務面の危険信号

1	債券格付けの引き下げ／債権の財務制限条項の逸脱
2	在籍学生数の減少
3	学生一人当たり純収入の下落
4	授業料割引の増大
5	基金資産の規模の縮小
6	事業／純資産の減少
7	資金繰りの問題

て、適宜修正して独自の財務計画と予算案を策定、執行し、チェックしていくことが重要です[15]。

---

[15]　国立大学における財務戦略については、東大―野村DP、No.14「国立大学法人等における財務戦略――資金管理の効率化を中心とした考察」を参照してください。

終章　IR の実践のために

　本書では、アメリカや日本の大学の事例や全大学に対する調査などをふまえ、日本の大学で IR を進めるためには、どのように IR を捉え、具体的な大学の活動にどのように適用していけるかを説明してきました。また、全国大学 IR 調査の結果から、日本の大学でも IR 組織は創設されつつありますが、学内外での IR と IR 組織の認知と理解および IR 担当者の育成が課題であることも指摘してきました。

　そして日本の大学の実態を念頭に本書では、ここまで「IR とは何か」から始めて、IR のツール、それが適用される大学の活動について紹介しました。それでも IR とは何か、どのように自分の大学で始めたらいいのか、まだ迷っておられる方もいらっしゃると思います。

　そこで、本章は最後に大学で IR を始めるために、どのようなことに気をつけて、どこから始めたらいいのか、を簡単にまとめました。

　以下のチェックポイントについて、答えることができれば、IR を始めるにあたって、一通りの理解ができていると考えられます。明確な答えが見つからない場合には、括弧内の本書の該当する箇所をもう一度参照して、自大学にあてはめてみてください。また、第 9 章の IR コンソーシアム担当者の業務のルーブリック（⊃163 頁）も参考にしてください。

(1) 何のための IR か、目的を明確にする（第 1 章）
(2) 大学によって IR は異なることを理解する（第 1 章）
(3) 自分の大学の置かれている環境や立ち位置を明らかにする（第 2 章）
(4) IR の組織と担当者および学内での位置を明確にする（第 3 章）
(5) IR の活動と担当者は鶏と卵の関係であることを理解する（第 3 章）
(6) 各部署とのコミュニケーションをとる（第 3 章）
(7) 学内のデータの有無や存在する場所を明らかにする（第 3 章）

(8)　データの定義とフォーマットを整理する（第3章）
(9)　IRのために必要なツールを一通り理解する（第4章～第7章）
(10)　わかりやすいデータの分析を提示する（第4章）

　IRの進め方には、決まりはありません。どこからどのようにスタートしていくか、それもまた、大学によって異なります。単なる他の大学のIRのコピーではなく、また、IRのためのIRではなく、自大学独自のIRを構築することが目標です。とにかく、まず始めてみることです。

資料　日本の大学における IR の現状

1　はじめに

　ここでは、平成24‒25年度文部科学省先導的大学改革推進委託事業「大学における IR（インスティテューショナル・リサーチ）の現状と在り方に関する調査研究」の一環として実施した全国大学 IR 調査（以下、「全国大学 IR 調査」と表記）の結果から日本の大学における IR の現状を紹介します（詳細は委託事業報告書を参照していただければ幸いです）。この調査では、IR と意識されずに実施されている活動もあると考え、これらをできるだけ広く捉えようとしました。

　全国大学 IR 調査は大学宛とし、関連する部署や担当者に任意に回答を記入するように依頼しました。原則的には無記名式で、調査対象校は全国すべての国公私立大学計783校（国立86校、公立83校、私立614校）、有効サンプル計557校、そのうち、国立66校、公立61校、私立425校、不明他5校で、回答率は71.1％（国立76.7％、公立73.5％、私立69.2％）です。

2　全学レベルの IR 活動

　この調査は、日本の大学では IR と意識されていないが、実質的には日本の大学でも IR 活動が行われているのではないか、という仮説に基づいて行ったものです。初めに、こうした IR 活動と必ずしも認識されていないかもしれませんが、実質的に IR 活動と考えられる活動を、全学的な組織が実施しているかを見てみましょう（複数回答）。図 A のように、IR 業務に関して、多数の項目では全学レベル・学部レベルでの部署あるいは委員会にそれぞれ対応しています。一部の項目、たとえば「入学以前の学生の特性の分析」（全学部署と全学委員会などを合わせて62.4％、以下同じ）、「卒業生に対する調査」（62.4％）、「授業料設定のための分析」（65.3％）、「各大学の改革動向の

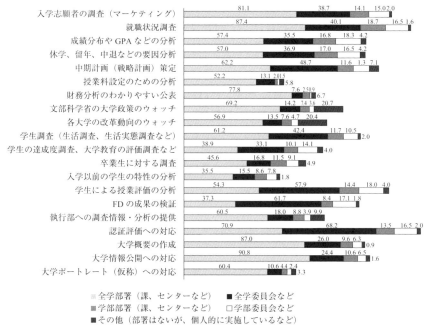

図A　全学レベルの組織によるIR活動の実施率（%）

ウォッチ」（70.4%）、「学生の達成度調査、大学教育の評価調査など」（72.0%）、「大学ポートレートへの対応」（71.0%）、「執行部への調査情報・分析の提供」（78.5%）、では、全学レベル部署、全学委員会の対応の割合は比較的低いことがわかります。

しかし、全体的に見ると、その他の項目では、全学レベルで実施している活動は80%以上で、すでに多くの大学でIR活動にあたるものを全学レベルの組織で実施していると言えます。

3　IR組織の設置状況と設置目的

全学レベルのIR組織の設置状況について、「IR名称の組織がある」（9.7%）と「IR名称はないが、担当組織がある」（15.1%）は合わせて約4分の1となっています。他方、「全学レベルの組織がない」割合は67.9%を占めて

います。IR 組織を設置していない大学のうち、設置に関して、「検討中」が 36.1％、「検討していない」、「その他」それぞれが 3 割強となっています。

IR 組織の設置目的に関しては、「教育改革の成果のチェック」（66％）と「大学評価への対応」（62.2％）が 6 割を超えており（複数回答）、「大学経営上の必要性」は 57.1％ に達しています。これに対して「学生への支援」（48％）と「大学の説明責任を果たすため」（38.5％）は半数以下となっています。教育の質的な保証・評価、教育改革などのほか、大学経営上の必要性を設置目的として大きく重視している大学が多いことは明らかです。

4　IR 組織の担当業務

IR 組織の担当業務は、図 B のように、「執行部への情報・分析の提供」（65.6％）が最も高い割合を占めており、「認証評価への対応」（52.6％）と「文部科学省の大学政策のウォッチ」（50.0％）が 5 割台、「大学改革動向のウォッチ」（48.1％）が 5 割弱となっています。これに対して、「大学概要の作成」（14.3％）、「入学以前の学生の特性の分析」（13.0％）は 15％ 以下にとど

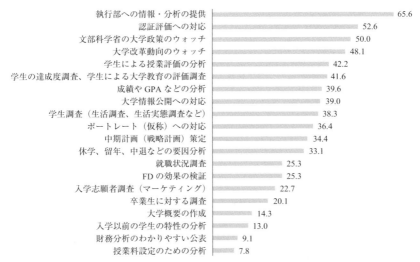

図 B　IR 組織の担当業務（％）

まっており、特に「財務分析のわかりやすい公表」(9.1%) と「授業料設定のための分析」(7.8%) は 10% 未満です。財務に関する業務は比較的少なく、「大学経営上の必要」という設置目的との相違が見られます。

5　IR 組織の活動に対する評価

■よく関与（貢献）している　　□まあ関与（貢献）している
■あまり関与（貢献）していない　■まったく関与（貢献）していない

図 C　全学的な意思決定プロセスへの関与と貢献（%）

IR 組織の活動内容は学内の周知について、「よく知られている」(20.9%) と「どちらかといえば知られている」(39.9%) と合わせて 6 割強となっています。「まったく知られていない」の割合はわずか 3.7% です。また、図 C に示すように、全学的な意思決定プロセスへの IR 組織の関与に関しては、「よく関与している」(21.6%) と「まあ関与している」(42.6%) の割合は 6 割を超えています。さらに、全学的な意思決定プロセスに IR 組織は「よく貢献している」(13.3%)、「まあ貢献している」(45.6%) と、肯定的な評価は 6 割近くに達しています。

6　データのアクセスと分析

IR 活動に欠かせない各種の教育活動・財務などのデータに関しては、全学のデータを統合的に収集・蓄積している大学の割合は比較的に高く、図 D のように、財務 (93.1%)、学務（学籍、成績など）(85.6%)、教員 (73.1%) となっています。

しかし、図 E のように、データへのアクセス権限は主に担当部署が持ち、

資料　日本の大学における IR の現状

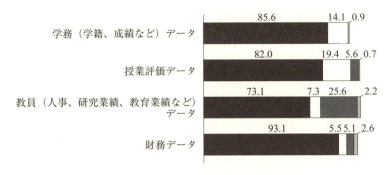

図 D　各種データの収集と蓄積（%）

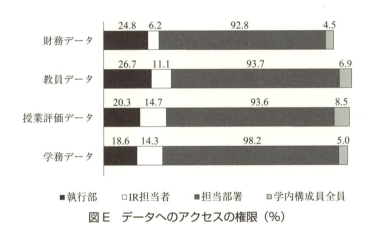

図 E　データへのアクセスの権限（%）

執行部や IR 担当者の権限はまだ不十分で、また IR 担当者は執行部や担当部署よりデータへのアクセスに制約があり、IR 活動にとっては大きな制約条件となっていると見られます。

7　まとめ

本調査から、日本における IR 活動は、学生調査を通じた学習成果の把握

を中心に推進されていること、アクレディテーションや情報公開などへの対応が行われていることに加え、IR 組織はガバナンスとの関連から設置されていること、執行部への情報の提供・分析、意思決定への貢献などの役割や機能も重視されていることが明らかです。しかし、日本の大学における全学レベルの IR 組織の設置はまだ少数であり、財務に関する業務についての関与はそれほど高くありません。また、データの蓄積、分析などはまだ制約があります。これらの現状から、IR に関わる専門職人材の育成、IR 組織およびその活動の高度化が今後の課題であることが示唆されます。

あとがき

　本書のもとになったのは、文部科学省先導的大学改革推進委託事業「大学におけるIR（インスティテューショナル・リサーチ）の現状と在り方に関する調査研究」（東京大学、2014年）です。この事業を実施するときに、文部科学省の担当者（松坂浩史大学改革推進室長（当時））から、単なる報告書ではなくIRを推進する上で役に立つような手引きのようなものを作成していただきたいと依頼されました。そのため、報告書の刊行のあと、一般書籍として刊行したいと念願していたところ、慶應義塾大学出版会の喜多村直之さんに、こころよく刊行を引き受けていただくことができました。

　最初は報告書を単に一般読者にわかりやすく書き直せばいいと安易に考えていましたが、その作業に取りかかると、たいへん難しいことがわかりました。そのひとつの理由は、IRはアメリカの大学で誕生、発展したものだけに、アメリカの大学事情に明るくないと、ただ日本語に翻訳しただけでは理解するのが難しいということがあります。また、より大きな理由として、IRは常に進化しているために、IRとは何か、と定義することさえ難しいという点が挙げられます。IRの技法（テクニック）は日々発達していますが、それだけでなく、基本的な考え方そのものが進化しています。本書では、現時点での一定の共通項を説明しようと努めました。基本的な考え方は普遍性を持つと考えられるからです。しかし、他方で、考え方だけでは実際には役に立たないというのも厳然たる事実です。

　この二つをどのように矛盾なく取り入れた案内書ができるか。このために原稿の書き直しの作業が続きました。すでにIRについては、日本でもいくつかの書籍が刊行されています。これらの既存のハンドブック、とりわけアメリカのIRハンドブックはよくできていますが、アメリカのIRの最先端のものだけに、初心者にはたいへん難しいと思われます。そこで、本書では、日本の大学ですでに実施している評価や学生調査などと関連する、現時点で役に立つと思われるIRのツールを選定して、できるだけ初心者にわかるよ

うにと考えました。このため、本書の草稿を大学職員の方に読んでいただき、わかりにくい箇所を指摘していただき、書き直しを続けました。最初はアメリカの翻訳語の多かった草稿も、かなりわかりやすくなったと思います。拙い草稿を読んでいただいた多くの大学職員のみなさん、いちいちお名前を挙げることはいたしませんが、ここに改めて感謝申しあげます。

　こうした作業のため、本書の刊行は当初の予定より大幅に遅れました。この間、何度も督促していただき、再校、第三校と丁寧にチェックしていただいた喜多村さんには感謝の言葉もありません。他にも書いたことですが、日本で初めてIRを紹介されたのは、喜多村さんの御尊父の故喜多村和之先生だと思われます。そのご子息の喜多村直之さんの編集で本書が刊行できたことにひとつの感慨を覚えずにはいられません。また、喜多村先生の愛弟子の森利枝さんには本文だけでなく、すばらしいイラストを描いていただくことができました。かなり堅苦しいIRの考え方や技法を少しでも軟らかく表現することができたのではないかと考えています。

　また、複雑な全国大学IR調査の実施には、研究室の黄文哲さんにお世話になりました。合わせて感謝申しあげます。

　最後に、まえがきにも書かせていただきましたが、現在日本の大学ではIRはひとつのブームになっており、若い研究者が多数IR担当者として大学に雇用されています。大学からの期待も大きいのですが、それだけに現在の大学を取り巻く厳しい環境を考えると、期待に添えない場合には、IRは一過性のブームで急速にしぼんでしまうのではないかという懸念が拭えません。IRが日本の大学に定着するかどうかはここ数年の動向が大きく左右すると思われます。本書をIR担当者だけでなく、多くの大学執行部の方に読んでいただき、IRへの理解を深めていただくことにより、日本の大学におけるIRの定着や促進に少しでもお役に立つことを念願してやみません。

2016年3月

著者を代表して
小林雅之

参考文献

浅野茂・本田寛輔・嶌田敏行(2014)「米国におけるインスティテューショナル・リサーチ部署による意思決定支援の実際」『大学評価・学位研究』15、35-54 頁。

池田輝・神保啓子・中井俊樹・青山佳代(2006)「FD を持続的に革新するベンチマーキング手法の事始め」『大学論集』37、115-130 頁。

江原昭博(2011)「インスティテューショナル・リサーチにおける Alumni Research」沖清豪・岡田聡志編(2011)所収。

小方直幸(2008)「学生のエンゲージメントと大学教育のアウトカム」『高等教育研究』11、45-64 頁。

沖清豪・岡田聡志編(2011)『データによる大学教育の自己改善――インスティテューショナル・リサーチの過去・現在・展望』学文社。

片山英治・小林雅之・両角亜希子(2007)「我が国の大学の寄付募集の現状――全国大学アンケート結果」東大―野村ディスカッションペーパー(Vol. 2)、東京大学大学総合教育研究センター。

片山英治・小林雅之・劉文君・服部英明(2009)「大学の戦略的計画――インテグリティとダイバーシティ実現のためのツール」東大―野村ディスカッションペーパー(Vol. 10)、東京大学大学総合教育研究センター。

金子元久(2009)「大学教育の質的向上のメカニズム――＜アウトカム志向＞とその問題点」『大学評価研究』8、17-29 頁。

キンゼー, J(Kinzie, J.)著、江原昭博訳(2007)「米国の高等教育における学生調査と IR の拡大する役割」山田礼子編(2007)149-164 頁。

小林雅之(2009)「高等教育の市場化　日本の現状」日本高等教育学会第 11 回大会準備委員会『国際シンポジウム　大学"市場化"の展開――市場・大学・制度』。

小林雅之(2010)「アメリカの大学の情報公開」『IDE　現代の高等教育』No. 522, 36-41 頁。

小林雅之編(2014)『大学における IR（インスティテューショナル・リサーチ）の現状と在り方に関する調査研究報告書』東京大学。

小林雅之・劉文君(2011)「大学の IR とベンチマークの意義と必要性」『大学マネジメント』76、7-12 頁。

小林雅之・劉文君編(2012)『学生からみた東京大学――3 つの東大生調査から』ものぐらふ(Vol. 11)、東京大学大学総合教育研究センター。

小林雅之・劉文君(2013a)「大学の財務基盤の強化のために　日米中の比較から（1）」『IDE　現代の高等教育』555、66-71 頁。

小林雅之・劉文君(2013b)「大学の財務基盤の強化のために　日米中の比較から（2）」『IDE　現代の高等教育』556、63-67 頁。

小林雅之・劉文君(2014)「大学の財務基盤の強化のために　日米中の比較から（4）」『IDE　現代の高等教育』562、66-71 頁。

小林雅之・劉文君・片山英治(2011)『大学ベンチマークによる大学評価の実証的研

究』ものぐらふ（Vol. 10）、東京大学大学総合教育研究センター。
佐藤仁・森雅生・高田英一・小湊卓夫・関口正司（2009）「大学評価担当者の抱える現場の課題——アンケート調査の結果から」『大学評価・学位研究』9、65-77 頁。
高田英一・高森智嗣・森雅生・桑野典子（2012）「国立大学におけるインスティテューショナル・リサーチの機能・人・組織等に関する意識と現状——IR 担当理事に対するアンケート調査結果を基に」『大学評価研究』11、111-125 頁。
土橋慶章・浅野茂（2015）「評価・IR 業務で収集した情報の効果的活用に係る一考察——神戸大学におけるデータ資料集の作成を通じて」『大学評価と IR』第 1 号、5-14 頁。
中島英博（2010）「経営支援機能としての経営情報システムの必要性に関する実証分析」『高等教育研究紀要』12、115-127 頁。
西本清一・城多努（2004）「高等教育における業績指標」国立大学財務・経営センター編『英国における大学経営の指針（続）』国立大学財務・経営センター、182-225 頁。
バーク，ジョセフ・C（2003）「公立高等教育の新たな説明責任」『大学評価』第 3 号、91-112 頁。(J. C. Burke（2003）"The New Accountability for Public Higher Education: From Regulation to Results," *Research in University Evaluation*, No. 3, September 2003, pp. 67-87)
ハワード，リチャード編、大学評価・学位授与機構 IR 研究会訳（2012）『IR 実践ハンドブック——大学の意思決定支援』玉川大学出版部。(R. D. Howard, G. W. McLaughlin , W. E. Knight and Associates（2012）*The Handbook of Institutional Research*, Association for Institutional Research, Jossey-Bass)
藤原宏司（2015）「IR 実務担当者からみた Institutional Effectiveness——米国大学が社会から求められていること」『大学評価と IR』第 3 号、3-10 頁。
佛淵孝夫（2015）『大学版 IR の導入と活用の実際』実業之日本社。
ボーム，サンディ／ルーシー・ラポフスキー、小林雅之・劉文君・片山英治・服部英明訳（2009）「授業料割引と基金の運用管理」東大—野村ディスカッションペーパー（Vol. 9）、東京大学大学総合教育研究センター。
マクラフリン，ゲイリー／リチャード・ハワード（2012）「IR の理論・実務・職業倫理」ハワード編（2012）233-273 頁。
森利枝（2011）「私立大学におけるインスティチューショナル・リサーチ構築に向けての検討」山田編（2011）15-24 頁。
森利枝（2012）「学習成果に関わる大学情報公開の現状と課題——アメリカ」『IDE 現代の高等教育』No. 542、47-52 頁。
柳浦猛（2009）「アメリカの Institutional Research」『国立大学財務・経営マガジン』。
山田礼子編（2007）『転換期の高等教育における学生の教育評価の開発に関する国際比較研究』平成 16－18 年度科学研究費補助金研究基盤研究（B）研究成果報告書。
山田礼子編（2011）『高等教育における IR（Institutional Research）の役割』日本私立大学協会附置私学高等教育研究所。

吉田文（2011）「外部対応から内部変革へ――普及途上のイギリスのIR」『大学評価研究』10、47-53 頁。

吉田香奈（2007）「アメリカ州政府による大学評価と資源配分」『大学財務経営研究』第 4 号、113-129 頁。

リースマン，D（1986）『高等教育論』玉川大学出版部。

リード，ウィリアム・S／ビバリー・D・リード著、片山英治・小林雅之・劉文君訳（2008）「寄付募集入門――アートとサイエンス」東大―野村ディスカッションペーパー（Vol. 6）、東京大学大学総合教育研究センター。

劉文君・小林雅之（2013）「大学の財務基盤の強化のために 日米中の比較から（3）」『IDE 現代の高等教育』558、62-67 頁。

劉文君・小林雅之編（2011）『大学における IR の役割』東京大学大学総合教育研究センター。

American Association for Institutional Research（AIR）(2011) *The Association for Institutional Research: The First 50 Years*.

Astin, A. W.（1993）*Assessment for Excellence*, ACE, Oryx Press.

Banta, T.W. ed.（2004）*Hallmarks of Effective Outcomes Assessment*, Jossey-Bass.

Birnbaum, R.（2000）*Management Fads in Higher Education: Where They Come from, What They Do, Why They Fail*, Jossey-Bass, John Wiley & Sons.

Burke, J. C.（2003）"The New Accountability for Public Higher Education: From Regulation to Results," *Research in University Evaluation*, No. 3, September 2003, pp. 67-87.（『大学評価』第 3 号、91-112 頁）

Carpenter-Hubin, J., R. Carr and R. Hayes（2012）"Data Exchange: Characteristics, Current Examples, and Developing a New Exchange," in R. D. Howard, G. W. McLaughlin, W. E. Knight and Associates eds., *The Handbook of Institutional Research*, Jossey-Bass, A Willy, pp. 420-433.

Clark, B. R.（1983）*The Higher Education System: Academic Organization in Cross-National Perspective*, Berkley, CA: University of California Press.

Cohen, M. D., J. G. March and J. P. Olsen（1972）"A garbage can model of organizational choice," *Administrative Science Quarterly*, 17（1）, pp. 1-25.

Cope, R. G.（1987）*Opportunity from Strength: Strategic Planning Clarified with Case Examples*, Association for the Study of Higher Education, ERIC Clearinghouse on Higher Education.

Dooris, M. J., J. M. Kelley and J. F. Trainer（2004）"Strategic Planning in Higher Education," *New Directions for Institutional Research*, 123, pp. 5-11.

Durso, T. W.（2009）"From Data to Information: Business Intelligence and Its Role in Higher Education Today," *University Business*, Vol. 12, No. 1, January 2009, pp. 24-27.

Fuller, A.（2010）"Compensation of 30 Private-College Presidents Topped $1-Million in 2008," *Chronicle of Higher Education*, November 14.

Howard, R. D. (2001) *Institutional Research Decision: Support in Higher Education*, Association for Institutional Research, Resources in Institutional Research, No. 13.

Howard, R. D., G. W. McLaughlin and W. E. Knight and Associates eds. (2012) *The Handbook of Institutional Research*, Jossey-Bass.

Hubbell, L., W. Loomis, R. J. Massa and L. Lapovsky (2002) "Using Benchmarking to Influence Tuition and Fee Decisions," *New Directions for Higher Education*, 118, pp. 39-63.

Keller, G. (1983) *Academic Strategy: The Management Revolution in American Higher Education*, Johns Hopkins University Press.

Kuh, G. D. and P. D. Umbach (2004) "College and Character: Insight from the National Survey of Student Engagement," *New Directions for Institutional Research*, 122, pp. 37-54.

Lahey, J. L. (2003) "Good Business, Thriving University: Watch out for Blatant Business-Practice Usage, It Just Might Turn Your School Around," *University Business*, Vol. 6, No. 9.

Lapin, J. D. (2004) "Using External Environmental Scanning and Forecasting to Improve Strategic Planning," *Journal of Applied Research in the Community College*, 11 (2), pp. 105-113.

Levy, G. D. and S. L. Ronco (2012) "How Benchmarking and Higher Education Came Together," *New Directions for Institutional Research*, 156, pp. 5-13.

Levy, G. D. and N. A. Valcik (2012) "Editor's Note," *New Directions for Institutional Research*, 156, pp. 1-3.

Lyddon, J. W., B. E. McComb and J. P. Mizak (2012) "Tools for Setting Strategy," in R. D. Howard et al. eds., *The Handbook of Institutional Research*, Jossey-Bass, pp. 611-624.

McLaughlin, G. W. and J. S. McLaughlin (2007) *Information Mosaic: Strategic Decision Making for Universities and Colleges*, AGB Press.

Muffo, J. A. and G. W. McLaughlin eds. (1987) *A Primer on Institutional Research*, Association for Institutional Research.

National Association of System Heads (2014) NASH Campus Survey Findings, www.airweb.org/Resources/IRStudies/Documents/CampusSurveyFindings.pdf (2015 年 5 月最終確認)

Norris, D. M. and N. L. Poulton (1991) *A Guide for New Planners: Society for College and University Planning*.

Pascarella, E. T. and P. T. Terenzini (2005) *How College Affects Students: A Third Decade of Research*, Jossey-Bass.

Peterson, M. W. (1999) "The Role of Institutional Research: From Improvement to Redesign," *New Directions for Institutional Research*, No. 104, pp. 83-103.

Saupe, J. L. (1981) *The Functions of Institutional Research*, Association for Institutional Research, Retrieved from http://eric.ed.gov/?id=ED207443.（最終確認 2016 年 2 月 6 日）

Saupe, J. L. (1990) *The Functions of Institutional Research*, 2nd ed., Association for Institutional Research.

Sevier, R. A. (2003) "From Stratefy to Action," *University Business*, 6 (2), pp. 18-19.

Seybert, J. A. (2012) Benchmarking in Higher Education, PowerPoint 資料。

Shavelson, R. J. (2010) *Measuring College Learning Responsibly: Accountability in a New Era*, Stanford University Press.

Sizer, J. (1982) "Assessing Institutional Performance and Progress" in L. Wagner ed., *Agenda for Institutional Change in Higher Education*, Society for Research in Higher Education, Guildford.

Spelling Commission (2006) A Test of Leadership: Charting the Future of U. S. Higher Education, Report for Commission Appointed by Secretary of Education Margaret Spellings.

Swing, R. L. (2009) "Institutional Researchers as Change Agents," *New Directions for Institutional Research*, 143, pp. 5-16.

Terenzini, P. T. (1993) "On the Nature of Institutional Research and Knowledge and Skills It Require," *Research in Higher Education*, 34, pp. 1-10.

Terenzini, P. T. (1999) "On the Nature of Institutional Research and the Knowledge and Skills it Require," *New Directions for Institutional Research*, 104, pp. 21-29.

Theory U Toolbook 1.1 for regular updates: www.presencing.com Stakeholder Interviews. (日本語版 U 理論ツールブック 1.1 ステークホルダーインタビュー) http://www.presencingcomjapan.org/utheory/UTool_2_StakeholderInterview.pdf.（最終確認 2016 年 2 月 6 日）

Trainer, J. F. (1996a) "To Share and Share Alike: The Basic Ground Rules for Inter-Institutional Data Sharing," *New Directions for Institutional Research*, 89, pp. 5-13.

Trainer, J. F. (1996b) "Appendix b: Data-sharing Organizations, Resources, and Opportunities," *New Directions for Institutional Research*, 89, pp. 91-104.

Volkwein, J. F. (1999) "The Four Faces of Institutional Research," *New Directions for Institutional Research,* 104, pp. 9-19.

Volkwein, J. F. (2008) "The Foundations and Evolution of Institutional Research," in D. G. Terkla ed., *Institutional Research: More than Just Data, New Direction for Higher Education*, No. 141, pp. 5-20.

Warner, D. and D. Palfeyman (1996) *Higher Education Management: The Key Elements*, Open University Press.

Watson, D. (2009) "The Dark Side of Institutional Research," *Perspectives: Policy and Practice in Higher Education*, 13(3), pp. 71-75.

Wheelen, T. L. and J. D. Hunger (2012) *Strategic Management and Business Policy: Toward Global Sustainability,* 13th ed., Pearson Education.

東京大学―野村證券　大学経営ディスカッションペーパー

＊以下は東京大学大学総合教育研究センター Web サイトからダウンロードできる。

No.1「わが国の大学の財政基盤強化に向けて――研究所説」（2007 年 3 月）（片山英治・小林雅之・両角亜希子）

No.2「わが国の大学の寄付募集の現状――全国大学アンケート結果」（2007 年 11 月）（片山英治・小林雅之・両角亜希子）

No.3　ルーシー・ラポフスキー「アメリカの大学における基金の活用」（2007 年 11 月）（片山英治・両角亜希子・小林雅之訳）

No.4「寄附募集を通じた大学の財務基盤の強化　東大―野村大学経営フォーラム　講演集」（2008 年 2 月）

No.5「アメリカの大学の財務戦略」（2008 年 4 月）（小林雅之・片山英治・羽賀敬・両角亜希子）

No.6　ウィリアム・S・リード／ビバリー・D・リード「高等教育機関のための寄付募集入門」（2008 年 7 月）（片山英治・小林雅之・劉文君訳）

No.7「中国のトップ大学における寄付募集の現状」（2008 年 11 月）（劉文君・小林雅之・片山英治・服部英明）

No.8「わが国大学の財務基盤強化（第 2 回東大―野村大学経営フォーラム　講演録）」（2009 年 3 月）

No.9　サンディ・ボーム／ルーシー・ラポフスキー「授業料割引と基金の運用管理」（2009 年 3 月）（小林雅之・劉文君・小林雅之・片山英治・服部英明編訳）

No.10「東京大学基金を支える寄付法人に聞く――東京大学基金への寄付に関するアンケート（法人編）から」（2009 年 6 月）（片山英治・劉文君・小林雅之・服部英明）

No.11「東京大学基金を支える寄付者の方々に聞く――東京大学基金への寄付に関するアンケート（個人編）から」（2009 年 7 月）（劉文君・片山英治・小林雅之・服部英明）

No.12「大学の戦略的計画（1）」（2009 年 12 月）（片山英治・小林雅之・劉文君・服部英明）

No.13「大学の中長期計画を考える　コア・バリューの強化に向けて（第 3 回東大―野村大学経営フォーラム講演録）」（2010 年 9 月）

No.14「国立大学法人等における財務戦略――資金管理の効率化を中心とした考察」（2011 年 3 月）（片山英治・服部英明・小林雅之・劉文君）

No.15「日本の大学における中長期計画の現状と課題」（2011 年 7 月）（劉文君・小林雅之・片山英治・服部英明）

No.16「大学の中長期計画を考える（2）――ステークホルダーズと創る大学（第 4 回東大―野村大学経営フォーラム講演録）」（2012 年 2 月）

No.17「変化を先導する大学づくりを考える（第 5 回東大―野村大学経営フォーラム講演録）」（2012 年 8 月）

執筆者紹介

小林雅之（こばやし　まさゆき）　桜美林大学教育探究科学群 学群長・教授
　　〔編者、1〜3章1節、4章2節、5章、8章3節、10章、終章、Column 4〜7〕
山田礼子（やまだ　れいこ）　同志社大学社会学部教授
　　〔編者、3章2節、8章1・2節、9章1節〕
浅野　茂（あさの　しげる）　山形大学学術研究院教授
　　〔3章3節、6・7章、9章2節、Column 1〕
森　利枝（もり　りえ）　大学改革支援・学位授与機構研究開発部教授
　　〔4章1・3節、Column 2・3〕
劉　文君（りゅう　ぶんくん）　東洋大学IR室教授
　　〔資料〕

大学のIR
——意思決定支援のための情報収集と分析

2016年4月25日　初版第1刷発行
2023年10月10日　初版第3刷発行

編著者————小林雅之・山田礼子
発行者————大野友寛
発行所————慶應義塾大学出版会株式会社
　　　　　　〒108-8346　東京都港区三田2-19-30
　　　　　　TEL　〔編集部〕03-3451-0931
　　　　　　　　　〔営業部〕03-3451-3584〈ご注文〉
　　　　　　　　　〔　〃　〕03-3451-6926
　　　　　　FAX　〔営業部〕03-3451-3122
　　　　　　振替　00190-8-155497
　　　　　　http://www.keio-up.co.jp/
装　丁————後藤トシノブ
イラスト———森　利枝
印刷・製本——株式会社加藤文明社
カバー印刷——株式会社太平印刷社

　　　　　　Ⓒ2016 Masayuki Kobayashi, Reiko Yamada
　　　　　　　　　Shigeru Asano, Rie Mori, Wenjun Liu
　　　　　　Printed in Japan　ISBN 978-4-7664-2279-5

慶應義塾大学出版会

大学改革を問い直す

天野郁夫著　これからの大学が備えるべきシステム、価値、理念を見定め、「全入」問題、高大接続、秋入学やファンドレイジングなど、具体的かつ喫緊の課題に重要な示唆を与える。全ての大学人にとって必読の1冊。　◎2,800円

キャリア教育論—仕事・学び・コミュニティ

荒木淳子・伊達洋駆・松下慶太著　大学で学ぶことは、将来のキャリアにどのようにつながっていくのか。授業、インターンシップや就職活動、そして就職後の働き方・学び方について、学習研究や教育学、心理学、経営学の諸理論からわかりやすく解説。　◎2,000円

教育心理学

安藤寿康・鹿毛雅治編　教育を科学的に把握するための基本となる〈発達〉と〈学習〉の心理学的メカニズムや、教育における学習環境のあり方と実践的な問題をわかりやすく解説したテキスト。　◎2,500円

日本教育史—教育の「今」を歴史から考える

山本正身著　「国家による国民形成」から「個々人の生の充実」をめざして。教育とは何か？　誰のための教育なのか？　「近代教育」が発足・確立した明治以降を中心とする、古代から現代までの日本の教育の歴史を概観。　◎3,000円

表示価格は刊行時の本体価格（税別）です。